U0624740

# 玩中学

## 幼儿园
## 区域活动实践探索手册

张沥尹◎著

黑龙江教育出版社

**图书在版编目（CIP）数据**

玩中学：幼儿园区域活动实践探索手册 / 张沥尹著.
哈尔滨：黑龙江教育出版社，2024. 8. -- ISBN 978-7
-5709-4547-4

Ⅰ. G613

中国国家版本馆CIP数据核字第2024XF7080号

玩中学：幼儿园区域活动实践探索手册

WANZHONGXUE：YOUERYUAN QUYU HUODONG SHIJIAN TANSUO SHOUCE

张沥尹　著

| | | |
|---|---|---|
| 责任编辑 | 张　鑫 | |
| 封面设计 | 刘乙睿 | |
| 责任校对 | 赵美欣 | |
| 出版发行 | 黑龙江教育出版社 | |
| | （哈尔滨市道里区群力第六大道 1313 号） | |
| 印　　刷 | 哈尔滨圣铂印刷有限公司 | |
| 开　　本 | 787 毫米×1092 毫米　1/16 | |
| 印　　张 | 8.75 | |
| 字　　数 | 130 千字 | |
| 版　　次 | 2024 年 8 月第 1 版 | |
| 印　　次 | 2024 年 8 月第 1 次印刷 | |

书　　号　ISBN 978-7-5709-4547-4　　定　　价　68.00 元

黑龙江教育出版社网址：www.hljep.com.cn
如需订购图书，请与我社发行中心联系。联系电话：0451-82533087　82533097
如有印装质量问题，影响阅读，请与我公司联系调换。联系电话：0451-86210670
如发现盗版图书，请向我社举报。举报电话：0451-82533087

# 序　言

　　幼儿园区域活动是我国幼儿园重要的教育组织形式。由于区域活动可以满足幼儿个别化学习需要和给予幼儿自主探索的机会，在幼儿园已经实践了一段较长的时间，也是理论和实践教育工作者十分重视的领域课题。但当前幼儿园区域活动的构建和开展整体上较为随意，普遍存在价值发挥不充分、与其他活动关系把握欠精准、结构要素有偏失、习惯于以成人的立场组织区域活动等发展性问题，同时缺乏有效开展区域活动的基本素质与能力，这就需要幼儿园教师重新认识区域活动的本质特征，加强对区域活动的观察与指导。今天，在大家十分关注自主游戏的教育背景下，重新审视区域活动的价值及实施过程，在一定程度上有助于让我们理性地对幼儿园教育活动实施过程质量做出深入的反思。

　　按照学前教育发展规律来提升幼儿园保教质量，这是作为教育工作者应该坚持的立场。一般来说，教育工作者大致可以分为两种类型，一类是教育实践工作者，他们辛勤工作在第一线，但很少也很难有理论创新；另一类是教育理论工作者，他们一般具有系统的教育理论，但很少参与到教育实践，所以他们的理论往往不能有效地影响教育实践。这两类教育工作者都有长处，也有不足。但从一线教研员的实际情况来看，他们大多成长于教学一线，往往都是从优秀教师中选拔出来成为教研员，他们积累了丰富的教育经验，经过几年锻炼，就能成为既有自己的教育主张或独到的教育见地，又有自己的教育风格的教育工作者。近年来，自治区为了更好地推动教育改革和发挥名师的影响力，遴选了一批来自一线的优秀教师，成为"自治区天山英才教育领军人才"，张沥尹就是其中的一位。她将多年在教育一线开展的区域活动研究成果撰写成书，也就是我们现在看到的作品《玩中学——幼儿园区域活动实践探索手册》一书，在这本书中，既能看到一名教研员所擅长的实践改革和行动研究过程，也能清晰地看到她对相关理论知识的认识和思考，能将教育理论与教学实践融合起来不是一件容易的事情。

仔细阅读这本书之后有如下特点做一分享：一是该书的研究成果和实践指导是根植于实践土壤和幼儿园教师现实需要来进行构架和表达的，这些内容既注重理论的系统性，也有实践的可操作性。二是内容上体现了"知行合一"的科学理念及其指导下的实践，每一部分都有相关内容的基本要义及依据也有具体案例和实践指导等。三是正确传递了教师主导与儿童主体之间的关系，让我们能够认识到教师在与儿童互动中的角色和作用，教师应如何回归到他应该处于的正常的位置等。

由于区域活动实施的开放性和灵活性要求教师在教育理念、环境创设、材料投放、活动评价等方面具备更高的素养，因而不断提升教师的专业能力是有效开展区域活动的重要保障。期望这本书能给学前教育工作者带来专业的支持，能帮助大家立足实际更客观、更具体地去思考学前教育改革和发展中的问题。

新疆师范大学教育科学学院副院长，教授，博士生导师　闵兰斌

# 前　　言

随着教育理念的不断进步，幼儿教育日益受到社会各界的广泛关注。幼儿园作为儿童成长道路上的第一站，承担着培养儿童认知能力、社交技能以及情感发展的重任。在这个关键阶段，如何通过丰富多彩的活动促进幼儿的全面发展，成为幼儿教育工作者面临的重要课题。然而区域活动作为一种创新的教育方式，以其独特的优势在幼儿园教育中占据了一席之地。区域活动强调以幼儿为中心，通过划分不同的活动区域，提供多样化的教育环境和操作材料，让幼儿在自由、自主的氛围中探索世界、学习新知识。这种教育模式不仅能够满足幼儿的好奇心和探索欲，还能够在实践中培养他们的动手能力、创新思维及团队合作精神。同时，区域活动也有助于教师更深入地观察和理解每个幼儿的兴趣、特点和需求，以便为个性化教育提供有力支持。

本书内容涵盖了幼儿园区域活动的理论与实践。首先，从理论层面对区域活动进行了深入剖析，探讨其本质特征、设置体系、发展走向以及意义和价值。其次，着眼于实践，详细阐述了幼儿园区域活动的环境创设、活动开展与设计、组织与指导实践以及评价与优化等内容，这些内容既体现了幼儿教育的前沿理念，又紧密结合了幼儿园教育的实际情况，旨在为教育者和家长提供一套切实可行的操作指南。

本书将理论与实践相结合，既有深入的理论分析，又有生动的案例展示。笔者力求语言平实易懂，避免过多的教育术语，以便更广泛地服务于幼儿教育从业者和家长。同时，本书还注重实用性和操作性，通过具体的实施步骤和策略，指导读者如何在幼儿园中有效地开展区域活动，从而促进幼儿的全面发展。通过阅读本书，读者能够更深入地理解幼儿园区域活动的本质和意义，更科学地创设和组织区域活动，从而有效地促进幼儿的全面发展。

# 目　　录

**第一章　幼儿园区域活动的理论审视** ……………………… 1

　第一节　区域活动及其本质特征 ………………………… 1

　第二节　幼儿园区域活动的设置体系 …………………… 8

　第三节　幼儿园区域活动的发展走向 …………………… 13

　第四节　幼儿园区域活动的意义和价值 ………………… 18

**第二章　幼儿园区域活动的环境创设** ………………………… 21

　第一节　区域环境的规划与创设 ………………………… 21

　第二节　区域材料的投放与研究 ………………………… 34

　第三节　幼儿园区域活动环境创设的策略 ……………… 54

　第四节　幼儿园区域活动与环境创设的实践 …………… 59

**第三章　幼儿园区域活动的开展与设计** ……………………… 65

　第一节　幼儿园的各类区域活动 ………………………… 65

　第二节　幼儿园区域游戏活动的开展 …………………… 78

　第三节　幼儿园班级科学活动区域的设计 ……………… 82

　第四节　幼儿园创造性游戏区域的活动探索 …………… 86

　第五节　基于多元视角的幼儿园区域活动设计 ………… 97

**第四章　幼儿园区域活动的组织与指导实践** ·················· 102

　　第一节　幼儿园区域活动的组织原则 ·················· 102

　　第二节　幼儿园区域活动的组织流程 ·················· 109

　　第三节　幼儿园区域活动的指导策略 ·················· 112

**第五章　幼儿园区域活动的评价与优化** ·················· 117

　　第一节　幼儿园区域活动评价的意义与原则 ·················· 117

　　第二节　幼儿园区域活动评价的方法与工具 ·················· 124

　　第三节　幼儿园区域活动的优化与改进策略 ·················· 128

　　结束语 ·················· 132

**参考文献** ·················· 133

# 第一章　幼儿园区域活动的理论审视

在幼儿教育的广阔天地中，区域活动作为一项重要的教学实践，不仅丰富了幼儿的学习体验，也促进了他们社会性、情感和认知能力的发展。随着教育理念的不断演进，对幼儿园区域活动的理论审视显得尤为必要，以期构建一个更加科学、系统的教育模式。本章旨在深入探讨幼儿园区域活动的本质特征、设置体系、发展走向以及其深远的意义和价值。

## 第一节　区域活动及其本质特征

"区域活动是幼儿园教学中最能体现幼儿自主活动的一种组织形式，对促进幼儿全面发展所起到的作用是不容忽视的，因此各个幼儿园均把它作为教学的重要手段"①。但由于区域活动依据的教育理念以及教育实践的不同，各幼儿园对区域活动的内涵理解也各不相同。

### 一、区域活动的内涵界定

关于区域活动的内涵，国内外众多学者从不同角度提出了自己的观点。在我国，幼儿园区域活动也称为区角活动、活动区、学习区或游戏区等。结合各专家的观点及国内的区域研究实践，本书将区域活动定义为：借鉴、融合优秀教育理念，根据《幼儿园教育指导纲要（试行）》（下文简称《纲要》）和《3—6岁儿童学习与发展指南》（下文简称《指南》）精神及教育目标，尊重幼儿身心发展规律和学习特点，以幼儿实际需求为

---

①王微丽. 幼儿园区域活动：环境创设与活动设计方法［M］. 北京：中国轻工业出版社，2014.

1

依据，设置各活动区域；为幼儿提供系统、适宜的区域材料，使幼儿在自主选择和主动学习的过程中，通过与环境的有效互动获得个性化的发展。

（一）区域活动的基本类别

区域活动是幼儿园教育中一种非常重要的教学模式，其通过创设多样化的活动区域，有机地结合幼儿的发展需求和教育目标，为幼儿提供了丰富多彩的学习体验。以下围绕不同类别展开论述。

第一，语言区。语言区作为区域活动的重要环节，其目的在于促进幼儿语言的发展，培养幼儿的听说读写能力。在语言区，教师应结合幼儿的年龄特点和兴趣爱好，选择适合的语言内容，并将其融入生动有趣的活动中。例如，通过阅读绘本故事、听说、认读和书写等方式，激发幼儿的阅读兴趣，培养幼儿的语言表达能力。同时，语言区也是培养幼儿社交能力的重要场所，通过语言交流，幼儿可以学会与他人合作、分享和表达自己的观点。

第二，美工区。美工区是培养幼儿审美情趣和动手能力的重要场所。在美工区，教师应提供各种美术材料，如颜料、画笔、纸张等，以及多样化的美术活动，如绘画、手工、美术欣赏等。通过参与美工活动，幼儿不仅可以发挥自己的想象力和创造力，还可以感受美的魅力，培养审美情趣。同时，美工区也是培养幼儿动手能力和手眼协调能力的有效途径，通过剪贴、画画等活动，可以锻炼幼儿的手部肌肉，提高他们的动手能力。

第三，科学区。科学区是培养幼儿科学探究精神和认知能力的重要场所。在科学区，教师应根据幼儿的年龄特点和认知水平，选择丰富多样的科学内容，如物体的属性、生活中的现象等，引导幼儿主动探究。通过观察、实验、探索等活动，可以增加幼儿对世界的认知，培养他们的科学探究兴趣和能力。同时，科学区也是培养幼儿思维逻辑能力和解决问题能力的有效途径，通过提出问题、探索答案，可以锻炼幼儿的思维能力和解决问题的能力。

第四，构建区。构建区是培养幼儿空间想象力和动手能力的重要场所。在构建区，教师应提供各种构造材料，如积木、串珠等，引导幼儿进行建构游戏。通过搭建公园、房子、桥梁等活动，可以锻炼幼儿的空间想象力，培养他们的动手能力和团队合作精神。同时，构建区也是培养幼儿创造力和解决问题能力的有效途径，通过设计和搭建，可以培养幼儿的创造力和解决问题的能力。

第五，角色扮演区。角色扮演区是培养幼儿社会情感和交往能力的重要场所。在角色扮演区，教师应提供各种角色扮演材料，如娃娃家、餐厅、理发店等，设计丰富多彩的角色游戏。通过扮演不同的角色，幼儿可以模仿和体验生活中的各种情境，培养自身的社会情感和交往能力。同时，角色扮演区也是培养幼儿合作意识和团队精神的有效途径，通过合作和交流，可以培养幼儿的合作意识和团队精神。

第六，文化区。文化区是培养幼儿文化意识和国家认同感的重要场所。在文化区，教师应结合国家、民族和区域特点，选择具有代表性的文化内容，如国旗、服饰、语言等，引导幼儿了解和感受不同文化的魅力。通过丰富多彩的文化活动，可以增强幼儿的文化意识，培养他们的国家认同感和民族自豪感。同时，文化区也是培养幼儿社会责任感和文化素养的有效途径，通过参与文化活动，可以培养幼儿的社会责任感和文化素养。

## （二）区域活动的功能阐释

"区域活动是一种学前儿童的自主性探索活动，这种探索有时是儿童之间，有时是师幼之间的双边活动"①。下面从丰富知识和经验、培养良好的性格和品质以及实现身心和谐发展3个方面探讨区域活动的意义与功能。

### 1. 丰富知识和经验

区域活动提供了丰富多彩的活动内容和形式，为幼儿提供了广泛的学习机会。在不同的活动区域中，幼儿可以接触到各种各样的材料和玩具，如积木、彩泥、图画书等，以及参与各种活动形式，如绘画、手工制作、角色扮演等。这些丰富的选择吸引着幼儿主动参与，使他们在玩耍中不知不觉地获取知识和经验。

---

① 余玲，刘夏鸽. 思政视角下的幼儿园区域活动的设计 [J]. 品位·经典，2021 (15)：98-100.

每个幼儿都能在区域活动中找到自己感兴趣的内容，并通过自主选择与活动材料和环境进行互动，从而获得身心上的愉悦和满足。例如，一个喜欢动手的幼儿可能会在搭积木的区域找到兴趣，而一个喜欢艺术的幼儿可能会在绘画区域发挥创造力。通过这些活动，幼儿不仅增加了知识和技能，还培养了动手能力、想象力和创造力，丰富了自己的生活经验。此外，区域活动的多样性也有助于防止幼儿因无事可做而引发纷争和矛盾。当每个幼儿都能找到自己感兴趣的活动内容时，他们会更加愉悦和满足，从而减少了在活动室中产生不愉快情绪的可能性，使幼儿园的生活更加文明、有序、充实和快乐。

2. 培养良好的性格和品质

区域活动不仅仅是幼儿的玩耍，更是一种特殊的学习方式，可以帮助幼儿培养良好的性格和品质。在这些活动中，幼儿既可以与同伴进行合作、交流，也可以独立自主地探索和学习。这种自主选择学习内容和活动伙伴的方式，有助于培养幼儿的自信心和自主性，形成积极的学习态度。首先，区域活动提供了良好的人际环境和精神氛围，使幼儿在其中感受到安全、放松和愉悦。在这样的环境中，幼儿可以自由选择学习内容和活动伙伴，并通过与同伴的交流和合作，培养良好的人际交往能力和团队合作精神。其次，区域活动的自主性和开放性，有助于培养幼儿的探索精神和创新能力。在活动中，幼儿可以根据自己的兴趣和需求，选择适合自己的学习内容和方式，自主进行探索和实践。这种自主探索的过程，不仅能够激发幼儿的学习兴趣和动机，还能够培养他们解决问题的能力和创造性思维。最后，通过参与各种不同形式的活动，幼儿可以体验到学习的乐趣和成就感，增强自信心和自尊心。无论是通过绘画、手工制作，还是通过角色扮演、团队合作，幼儿都能够在活动中获得成长和进步的体验，从而形成积极的学习态度和良好的品格品质。

3. 实现身心和谐发展

区域活动的创设和实施，能够满足幼儿身心发展的需求，促进幼儿身心和谐发展。与传统的教育方式相比，区域活动更注重培养幼儿的自主性、专注性、愉悦性和探究性，有助于为幼儿提供更加丰富、更加多元的学习机会。首先，区域活动的自主性有助于培养幼儿的自主学习能力和自我管理能力。在活动中，幼儿可以根据自己的兴趣和能力自主选择学习内容和活动方式，自主进行探索和实践。这种自主学习的过程，有助于培养幼儿的学习动机和学习能力，提高他们的自主性和自信心。其次，区域活动的专注性有助于提高幼儿的学习效果和学习质量。在活动中，幼儿可以全神贯注地投入自己感兴趣的活动中去，不受外界干扰，从而更加专注地学习和探索。这种专注性的培养，有助于提高幼儿的专注力和思维深度，提高他们的学习效率和学习成果。

另外，区域活动的愉悦性和探究性有助于促进幼儿的身心健康和全面发展。在愉悦的活动环境中，幼儿可以尽情地享受学习的乐趣和快乐，体验学习的成就感和满足感。在参与探究活动的过程中，幼儿可以积极地参与探索和实践，培养自身的动手能力和实践能力，促进自身的身心和谐发展。

通过区域活动，幼儿不仅可以获取知识和经验，培养良好的性格和品质，还可以实现身心和谐发展，促进全面成长和健康发展。因此，区域活动在学前教育中具有重要的意义和功能，对幼儿的学习和发展起到了积极的促进作用。

## 二、区域活动的指导思想

任何一种课程模式都建立在一定的理论与实践基础之上。区域活动是目前国际上普遍采用的一种课程模式，因而在理论依据上必须放眼全球，这样才能把握区域活动最先进、最优秀的理念。同时，各幼儿园在实践上只有立足本土，才能使区域活动具有发展的根基，才能使其成为一种可持续发展的课程。

（一）放眼全球：借鉴与融合世界优秀的教育理念

区域活动最初起源于西方国家，但随着区域活动的发展，区域活动逐渐在全球范围内兴起，在教育理念上获得了长足的发展。因此，要研究区域活动，研究者必须有国际化的视野，这样才能借鉴和融合世界优秀的课程理念与教育实践，才能站在更高的角度以更新的视野进行实践研究。

本书深入研究了全球重要的区域活动教育理念和区域课程模式，如瑞吉欧教育理念、方案教学、多元智能理论、蒙台梭利的区域活动思想、高宽课程中的区域活动思想及光谱方案中的区域活动思想。在众多教育理念中，蒙台梭利教育法可谓是历久弥新，对世界的学前教育具有重要影响，它强调能力教育、环境教育和自我教育，尊重幼儿的个性化发展。高宽课程诞生于 20 世纪 60 年代，经过半个多世纪的建构、解构与重构，已经成为当今世界学前教育领域举足轻重的优秀幼儿课程模式。它以帮助儿童学会主动学习为基本价值取向，以计划、行动和反思的活动教学为基本组织形式。多元智力理论是 20 世纪 90 年代以来世界教育教学改革的重要指导思想，它认为每个人的智力都有着自己的特点和独特的表现形式，而个体智力发展的方向受到环境与教育的影响，因而教育应该尊重每个幼儿的智力风格，采用多种教育手段，使每个幼儿的智力强项都能发挥出来。这几种教育理念都尊重幼儿个体差异，都建议通过创设丰富的环境来促进幼儿富有个性的发展。

在审视全球优秀课程理念的基础上，在观察和剖析幼儿园实践的基础上，本书对操作性强的蒙台梭利教育法、高宽课程理论和多元智能理论进行了有机结合，形成了以蒙台梭利教育法为基础、借鉴高宽课程理论和多元智能理论的区域活动。当然，本书同样也会运用其他教育理念来发展区域活动，比如皮亚杰认知发展理论、维果茨基文化历史发展理论。只有这样，才能真正建构具有国际视野的区域活动教育理念。

（二）立足本土：解读与落实《纲要》

区域活动的实践研究历程是在借鉴、融合各优秀教育理念的基础上，以开放的态度、科学的精神吸收各优秀教育理念的精髓，并将其落实到本土化实践中。因此，放眼全球的最终目的是"立足本土"，在本土化的实践研究中发展与创新各优秀理论。立足本土的区域活动体现了教育实践的针对性、实用性及可持续发展性。

《纲要》是依据中国社会经济背景及学前教育发展状况而制定的，是当前我国幼儿园教育改革和发展的重要依据，因而区域活动"立足本土"最集中的表现是全面落实《纲要》，也就是将《纲要》精神转化为具体的区域活动实施方案。在立足本土的实践中，应优先把握《纲要》总则中的指导思想，树立正确的儿童观和教育观。总则中强调"实施素质教育""为幼儿一生的发展打好基础"、使幼儿"获得有益于身心发展的经验"以及"关注个别差异，促进每个幼儿富有个性的发展"。而区域活动通过创设适宜的环境，促进幼儿主体性、探究性、独特性和创造性的发展，同时在组织形式上采用个别探究方式，尊重幼儿的个体差异。《纲要》中的"教育内容与要求"，将幼儿的教育内容相对划分为健康、语言、社会、科学、艺术五个领域，并强调各领域的相互渗透。在区域活动实践中，我们也相应地设置了生活区、语言区、社会理解区、科学区和艺术区，并注重各区域之间的积极对话。依据《纲要》"组织与实施"中教师的角色定位，区域活动中教师的角色也发生了转变。教师是幼儿环境的创造者，操作时的观察者，学习时的合作者、支持者和引导者。评价体系是区域活动的重要组成部分，科学的评估方式可以使我们更好地了解课程的教育效果和儿童发展状况，从而使课程发展更具有针对性。依据《纲要》的教育评价，区域活动尝试建立多元化的立体评价体系，在评价方式上采用动态化、个人化、情景化等方式。在评价对象上，对幼儿进行全面综合的评价，包括知识、技能、态度、情感、能力等方面。

### 三、区域活动的本质特征

区域活动作为一种特殊的幼儿园教育活动形式，在当今多元化的学前教育环境中备受关注。以下从差异化教育、环境化教育和导师制教育三个方面，探讨区域活动的本质特征，并论述其在幼儿全面发展中的重要性。

第一，区域活动是差异化教育。区域活动的起源可追溯至19世纪初，它是一种与传统班级授课制有着本质区别的教育组织形式。相较于以往的单一教学方式，区域活动强调儿童在"儿童之家"中利用各种活动材料进行自主学习。这种教育方式尊重每个儿童的学习进度、学习风格和学习节奏，从而实现了差异化教育的目标。在区域活动中，教师提供多样化的活动材料，而儿童则根据自己的兴趣和能力选择参与活动。这种主动学习方式使儿童不再是被动接受知识，而是积极参与探索。区域活动的实施挑战了传统教育中的灌输式教学，促使儿童在与教师、同伴和材料的互动中综合发展。

第二，区域活动是环境化教育。区域活动强调在"有准备的环境"中进行教育。这种环境化教育使幼儿有机会与教师互动，并通过这种互动实现自主学习和有效发展。相较于传统的教师导向式教学，区域活动将重心从"有准备的教师"转移到了"有准备的环境"上。因此，区域活动中的环境被设计成适合儿童思维和行动特点的有机结构，使儿童能够充分参与其中，从而实现了教育目标。

第三，区域活动是导师制教育。区域活动的实施将教师角色从传统的"知识传授者"转变为"发展支持者"，体现了导师制教育的理念。在区域活动中，教师不再是单纯的课堂主宰者，而是成为儿童探究环境的引导者和支持者。教师通过准备活动材料和观察儿童的兴趣和需求来指导他们的学习。这种教育方式建立了平等的师生关系和儿童之间的平等氛围，促进了儿童的主动学习。教师的职责不仅在于提供教育材料，更在于观察儿童的心理活动和生理发展，并以此为基础进行个性化的指导。

## 第二节　幼儿园区域活动的设置体系

由于我国各地幼儿园区域活动依据理论和实践经验不同，在区域的设置上也各不相同。在本土化区域活动研究过程中，借鉴、吸收、融合相关理论，经过长时间的探索研究，在实践中基本形成了科学合理的区域设置体系，也使得区域活动突破了本身的局限，并解决了部分在国内一直存在的问题，形成了相对适宜的课程模式。

### 一、幼儿园区域设置的依据

#### （一）以幼儿基本发展需求为依据

区域活动中的预备区域及基本区域是我国区域活动设置中最常见的也

是最基础的区域。这两种区域类型主要是依据幼儿的基本发展需求进行设置的。同时，每个幼儿园所依据的理论不同，在区域活动设置方面也有所不同。本书的区域活动主要依据蒙台梭利教育法，同时根据《纲要》和《指南》对幼儿的健康、语言、社会、科学和艺术五个领域提出的发展目标及实施的内容与要求，通过深入的理论剖析，在实践经验的基础上，主要设置预备区，即生活区、感官区和生态区；同时设置了基本区域，即语言区、数学区、科学区、文化区、社会区。预备区域是最基础的设置，幼儿通过预备区域的操作获得日常生活中的基本技能及各种感官练习与发展，同时获得区域操作的基本方式及形成相应的常规。例如，如何取放材料、地毯，如何收拾材料，如何求助于教师等。因此，预备区域是其他区域的前提和必要准备。基本区域是大多数幼儿园设置的区域，这些区域涵盖幼儿基本发展的各个方面，每个区域有相互独立的体系和各自显著的特点，各区域之间相互关联、互为依托，对幼儿园的教育教学起主导作用。

### （二）以幼儿创造性发展需求为依据

《纲要》和《指南》中反复强调对幼儿创造能力的培养。多元智力理论及光谱方案教学在教育实践层面也以区域化的形式来实现幼儿创造力的发展。因此，促进幼儿富有个性的发展及培养幼儿的自主精神和创造精神是区域活动最重要的内容。要完成这一目标，就需要设置富有创意的区域活动环境，使幼儿通过与环境的互动开发创造潜能。

创意区域的研发可以从社会理解领域、音乐领域、视觉艺术领域、运动领域和机械建构领域获得，由此可产生如下创意区域：艺术区、建构与机械区、社会理解区和沙水区。相较于其他类型的区域，该区域突破了区域活动本身的局限性，实现了区域的生活化、情境化及动态化，并促进了幼儿社会性和创造性的发展。

相对基本区域中的幼儿个别探索性活动，创意区域中幼儿的活动具有区域人数较多、合作性强、交流面广等特点，因此在创意区域的空间设置、材料提供及幼儿需要上有特殊要求。根据以上特点，在设置创意区域时，教师应打破以往班级空间的设置模式，从幼儿园大环境中积极寻找合理的空间，尝试将这些创意区域设置在幼儿园公共空间中，从而形成"公共区域"。公共区域的活动内容及活动材料基本相同，但在组织幼儿开展活动的过程中，教师应根据各年龄段的幼儿需要设置不同的活动目标。

第一，公共区域的设置。设置"公共区域"时，教师应考虑区域的功能，因地制宜地分设室内公共区域及户外公共区域。一般情况下，幼儿园的室内公共区域适宜设置艺术区、建构与机械区、社会理解区，而户外公共区域则适宜设置沙水区、体能锻炼区。

第二，公共区域活动的开展。公共区域活动的开展以幼儿园为单位，活动主体是全园幼儿，区域的材料全园共享，指导教师既可以是本班教师，也可以是某个区域固定的指导教师，活动形式以轮流的方式为主，幼儿分不同时间段进入区域开展活动。这样既能够充分地利用幼儿园空间，又能避免教师在提供相同材料时进行重复劳动。

幼儿在公共区域的活动中，通过分工合作、交流分享等，社会性得到了发展，动手能力及交往技能获得了提高。创意区域相较于其他区域而言，区域活动氛围比较自由活跃，同时区域材料也比较开放。这种自由开放的教育环境有利于激发幼儿的创造潜能，促进幼儿创造能力的发展。

（三）以幼儿个性化发展需求为依据

为了满足部分幼儿在主题活动中的探究欲望，以及生活中个别幼儿的特别兴趣，在区域活动设置中，可创设延伸区域，以促进幼儿的个性化发展。延伸区域包括拓展区和特别研究区。

第一，拓展区。目前，幼儿园主题活动主要以集体活动的形式开展，在实践中往往有部分幼儿在主题研究中有个性化的需求，但这种需求无法采用集体活动的形式来满足。在区域活动设置中，可设计一些与主题相结合的材料，设置具有主题活动特色的拓展区。例如，在开展"有趣的车""时间廊"等主题活动时，教师可以分别在生活区、艺术区、科学文化区等提供"车的动力""计时器的发展史""我的生命线"等相应的探索材料。

第二，特别研究区。区域活动的设置一般依据全体幼儿的需求投放区域材料。然而在实践中，教师常常会发现部分幼儿对某个特别的现象感兴趣，因此教师可以设置"特别研究区"，用以满足这部分幼儿的需求。这种特别研究区也是一种个性化的研究区域。例如，班级某个幼儿在某个阶段对各种镜子特别感兴趣，并引起了其他幼儿的兴趣，针对这个情况，教师可在"特别研究区"投放"有用的镜子""好玩的凹凸镜"等来满足这部分幼儿的需求。

### （四）以幼儿的生活经验为依据

幼儿的学习源于生活，幼儿的发展具有综合性、统一性的特点。教师在为幼儿提供丰富的区域内容时，应尽可能以幼儿的生活经验为基础，发现和挖掘区域之间的结合点，使区域内容相互渗透、紧密联系，形成一个相对完善的系统，从而让幼儿在区域活动中获得贴近自然的、完整的经验。

各区域之间的相互联系主要以区域材料和操作任务为媒介，形成有机整体。在区域材料的选择上，要体现材料的相互补充和经验的相互渗透。例如，在语言区中有一份"碎花装饰文字"的材料，需要用到各种碎花，此时教师可以在艺术区开展"压碎花"的活动，这样做一方面能够有效地利用幼儿的操作成果，另一方面也能够通过材料内部的相互联系将两个区域紧密地结合起来。在操作过程中，主要以设置某种情景为线索，让幼儿通过在不同区域的操作来完成活动。例如，在"三八妇女节"亲子活动中，幼儿要与妈妈联欢，开展此活动之前，幼儿需要在表演区学习"妈妈节日快乐"的舞蹈，在语言区完成祝福妈妈的话语，在艺术区制作精美的礼品、贺卡等。从这个例子中我们可以看出，通过区域活动的情境创设，可以巧妙地将这些本无关联的区域紧密地整合在一起，这不仅有利于促进幼儿合作能力的发展，也有利于幼儿形成完整、统一的生活经验。

## 二、区域设置对幼儿发展的影响

### （一）促进幼儿认知能力的发展

在幼儿园教育中，区域设置对促进幼儿认知能力的发展起着至关重要的促进作用。认知能力的发展与幼儿的学习、思考和解决问题能力的发展息息相关。通过设计合适的区域，可以激发幼儿的好奇心、探索欲望和思维能力。首先，区域设置可以促进幼儿的感知和观察能力的发展。例如，在一个富有刺激性的环境中，幼儿可以接触到各种各样的材料和玩具，从而通过触摸、听觉和视觉等感官来感知和理解世界。这种多感官的体验有助于幼儿对事物建立正确的认知模式，提高他们的感知能力。其次，区域设置可以促进幼儿的空间意识和空间认知能力的发展。在一个布置合理的空间中，幼儿可以学习辨认不同的空间结构和方向，理解空间中的位置关系和方位概念。例如，一个设计有角落和隔断的活动区域可以帮助幼儿感知空间的大小、形状和方向，培养他们的空间感知能力。

此外，区域设置还可以促进幼儿的分类和归纳能力的发展。通过将环境划分为不同的功能区域，比如玩具区、阅读区、绘画区等，幼儿可以学会对事物进行分类和归类。这种分类和归类的活动有助于幼儿建立抽象思维和逻辑推理能力，提高他们的认知水平。

（二）提高幼儿社交技能的培养效果

在幼儿园教育中，区域设置对提高幼儿社交技能的培养效果不容忽视。社交技能是幼儿发展中至关重要的一部分，它涉及幼儿与他人的交往、合作和沟通能力。首先，区域设置可以促进幼儿之间的互动和合作。例如，在一个开放式的玩耍区域中，幼儿可以与其他小伙伴一起玩耍，分享玩具和经历。这种互动和合作的过程可以培养幼儿的合作精神和团队意识，提高他们的社交技能。其次，区域设置可以为幼儿提供社交情境和角色扮演的机会。在一个模拟的家庭角色扮演区域中，幼儿可以扮演不同的角色，如父母、孩子、老师等，与其他小伙伴进行角色扮演游戏。这种游戏可以让幼儿体验到不同的社交情境，学会与他人进行交流和互动。

此外，区域设置还可以培养幼儿的情感认知和情绪管理能力。在一个温馨舒适的情感表达区域中，幼儿可以学会表达自己的情感和情绪，理解他人的感受，学会与他人进行情感沟通和情感调节。

（三）促进幼儿情感发展与培养幼儿的自我调节能力

在幼儿园教育中，区域设置在促进幼儿情感发展与培养幼儿自我调节能力方面发挥着重要的作用。幼儿期是情感发展的关键时期，而良好的环境设置可以帮助幼儿建立积极的情感态度和有效的情绪调节能力。首先，区域设置可以营造温馨舒适的情感氛围。例如，在一个装饰温馨、充满亲子互动的家庭环境中，幼儿可以感受到来自老师和同伴的关爱和支持，从而建立积极的情感连接和信任感。其次，区域设置可以提供情感表达和情感释放的空间。在一个开放式的情感表达区域中，幼儿可以自由地表达自己的情感和情绪，如通过绘画、手工制作等方式进行情感表达。这种情感表达的活动有助于幼儿理解和认识自己的情感，学会有效地处理情绪。

此外，区域设置还可以促进幼儿的自我认知和自我调节能力的发展。在一个设有自我控制区域的环境中，幼儿可以学会自我约束和自我管理，如通过参与游戏规则的制定和执行来培养自己的自我调节能力。

（四）激发幼儿的创新思维与解决问题能力

在幼儿园教育中，区域设置对于激发幼儿的创新思维和解决问题能力至关重要。创新思维和解决问题能力是幼儿发展中的重要组成部分，它涉及幼儿的观察、思考和创造能力。首先，区域设置可以激发幼儿的好奇心和探索欲望。例如，在一个设有探索发现区域的环境中，幼儿可以通过观察、探索和实验来发现新的事物和现象，从而激发他们的创新思维和探索精神。其次，区域设置可以提供丰富多样的玩具和材料，为幼儿提供创造性的活动体验。在一个创意制作区域中，幼儿可以利用各种材料和工具进行自由创作，如绘画、拼贴、搭建等。这种创造性的活动有助于培养幼儿的想象力和创造力，促进他们创新思维的发展。

## 第三节　幼儿园区域活动的发展走向

幼儿园区域活动，起源于西方，其理论和实践基础均建立在西方社会文化背景之上。自20世纪70年代引入中国，经过多年的发展与本土化创新，区域活动已成为我国幼儿园教育中广泛采用的课程模式。然而，由于理论依据和各幼儿园实际情况的差异，区域活动的本土化程度和创新方式呈现出多样性。本节基于蒙台梭利教育法、高宽课程理论和多元智力理论，对幼儿园区域活动进行深入的理论审视和实践剖析。蒙台梭利教育法强调通过实践操作活动促进儿童个性化发展，提倡为儿童提供有准备的教育环境，并将区域活动内容细分为日常生活练习、感官教育、数学教育等六个部分。高宽课程理论以皮亚杰的认知发展理论为基础，强调幼儿的主动性和教师的引导作用，通过丰富的环境和材料促进幼儿发展。多元智力理论则认为智力是多元的，个体智力组合存在差异，主张为幼儿提供多元化的学习环境和切入点。在借鉴和融合这些理论的基础上，我国幼儿园区域活动的发展主要体现在以下方面。

## 一、幼儿园区域设置的动态化

幼儿园区域设置的动态化是当前我国幼儿教育领域的一个重要议题。在幼儿园发展的过程中，不断优化和调整区域设置是适应时代需求、促进幼儿综合发展的必然要求。动态化的区域设置需要教师具备开放的心态和敏锐的判断能力，通过吸收、借鉴、融合和地域文化特色的强化，幼儿园的区域设置更加符合实际需要，更加科学合理。首先，深入吸收优秀教育模式的精髓是动态化区域设置的基础。幼儿园教师需要不断学习和研究国内外优秀的教育模式，并将其精华融入幼儿园的区域设置中。例如，以蒙台梭利教育为代表的教育理念强调自主、综合和个性化发展，可以通过设置自由探索区、角色扮演区等促进幼儿的自主学习和综合能力的提升。而以游戏化教学为特点的教育模式，则可以在设置中增加游戏区、趣味体验区等，培养幼儿的团队合作和动手能力。其次，在借鉴和融合其他优秀教育模式的同时，也要因地制宜地强化自身的文化特色。每个地区都有其独特的文化传统和教育特点，幼儿园应当在区域设置中充分体现这种地域文化。例如，在历史文化底蕴深厚的地区，可以设置以传统文化为主题的区域，如书法绘画区、民俗游戏区等，让幼儿在游戏中感受传统文化的魅力；而在现代都市中，可以设置科技创新区、英语角等，培养幼儿的科技意识和国际视野。

动态化的区域设置不仅需要考虑教育模式的更新和地域文化的特色，

还需要注重区域设置的实际效果。教师需要在实践中不断观察、评估和调整区域设置，使之更加贴近幼儿的需求和发展。例如，可以通过观察幼儿的行为表现、听取家长的意见和参与专业培训等方式，收集反馈信息，及时调整区域设置，以满足幼儿的学习需求和成长发展。

## 二、幼儿园区域内容的系统化

幼儿园区域内容的系统化是指将幼儿园教育环境中的各种区域（如角落、游戏区、阅读角等）的内容有机地组织起来，形成一套系统的教育内容，以促进幼儿的全面发展。这种系统化不仅包括区域内容的选择和安排，还涉及教育目标的设定、教学资源的整合及教师的指导与引导。其意义在于提供了一个有组织、有针对性的教育环境，为幼儿的学习和成长提供了更好的支持和指导。首先，幼儿园区域内容的系统化有助于实现幼儿教育的目标。通过将各个区域的内容与教育目标有机地结合起来，可以使幼儿在玩耍中获得知识，从而促进其认知、情感、社交等方面的发展。例如，设计一个"科学探索角"，不仅可以激发幼儿对科学知识的兴趣，还可以培养其观察能力和动手能力，从而促进其认知能力和运动能力的发展。其次，幼儿园区域内容的系统化有助于提高教学效率。通过精心设计和安排，可以使各个区域的内容相互衔接、相互促进，形成一个有机的教育体系，从而最大限度地发挥教学资源的作用，提高教学效果。例如，在一个"阅读角"中，不仅可以提供丰富多样的阅读材料，还可以设置与之相关的语言游戏和表演活动，以加深幼儿对阅读内容的理解和记忆，提高其语言表达能力。

然而，要实现幼儿园区域内容的系统化并不是一件容易的事情，其中可能会面临一些挑战。首先，需要教师具备一定的专业知识和教育技能，能够根据幼儿的发展特点和教育需求来设计和组织区域内容。其次，需要足够的教学资源和场地支持，以确保每个区域的内容都能得到有效的实施。最后，需要与家长和社区等相关方合作，共同关注幼儿的成长和发展，形成一个良好的教育支持体系。

针对这些挑战，可以采取一系列的解决方案。首先，可以通过开展相关的培训和研讨活动，提高教师的专业水平和教育素养，使其具备设计和组织区域内容的能力。其次，可以加强教育资源的整合和共享，利用现有资源最大限度地满足教学需要。最后，可以建立家校社区合作机制，共同关注幼儿的成长和发展，形成一个多方参与、协同发展的教育支持网络。

## 三、幼儿园区域材料的本土化

区域内容主要通过区域材料来体现，而幼儿是在与材料的互动中成长和发展的，因此区域活动的材料选取一定要从幼儿的身心发展规律出发，关注幼儿生活，贴近幼儿生活。

对幼儿来说，最熟悉的材料多源自他们日常生活中熟悉的物品，这些本土化的材料最符合他们的兴趣需要。本土化的材料主要有两种：一种是体现中国传统文化特色的材料；另一种是体现当地地域特点的材料。教师通过提供这种本土化的材料，引导幼儿认知、探究他们熟悉的周围世界，进行身心浸润式的本土教育，从而激发幼儿热爱祖国和家乡的情感。因此，在区域实践中，教师可充分挖掘和利用各地地域特色资源，实现区域材料的本土化。

### （一）本土化区域材料的拓展途径

在区域材料本土化的过程中，应因地制宜，充分发挥教师、家长、社会的作用，拓展幼儿身边的具有中国特色及地域特色的资源，并将其设计开发为区域活动材料，尽显中国文化及地域文化的精髓，保证区域材料的本土化和多元化。

在区域活动中，教师是区域资源的主要拓展者，是实现幼儿园教育与本土化资源融合的中介，教师的文化价值观和行为对幼儿文化的建构影响深远。在收集本土化资源时，首先，要引导幼儿园教师以发展的眼光对待本土化文化，发扬其积极面，舍弃其消极面，在落实课程活动中敏锐地捕捉传统教育时机，通过材料向幼儿传递一种平衡、和谐的本土化文化价值观。其次，教师群体在接受学历教育时所受的专业培训，使他们在设计与制作材料时具有许多优势，教师应充分发挥自身特点（方言、民族身份等）和技能（唱歌、舞蹈、美劳等）。

家长是区域材料本土化的有力协助者，幼儿园应加强与家长的合作，充分利用这一重要教育资源，建立以幼儿园为主导、以家庭为主体的本土化资源拓展途径。这种家庭式的收集途径，可采用"请进来"的方式，把具有特殊技艺（武术、书法等）、身份（收藏家等）的家长请到幼儿园，运用他们独特的文化素材协助幼儿园收集本土化资源，拓展本土化材料的制作渠道。

社会是具有显性教育资源的基地，教师应善于挖掘和利用这些资源，为幼儿搭建更为广阔的传统文化教育平台。在收集这一类资源时，物质资源可采用拍照、整理资源点（古建筑、文化街）的宣传册等方式筛选有用的资源，为幼儿提供本土化材料。

而对人力资源也可采用"请进来"的方式，将资源点的民间工艺艺人、民乐演奏家、文物解说员等文化传播者引入幼儿园，协助教师丰富区域本土化材料。

### （二）本土化区域材料的拓展方式

本土化区域材料涉及幼儿生活的各个方面，包括传统文学、民间艺术、人文风俗、传统建筑、自然环境与气候等方面。将这些内容与各区域进行合理结合，设计并制作出本土化的活动材料，既做到了区域发展的本土化，也为幼儿传承传统文化提供了新的平台。例如，将自然环境与科学文化区相结合，可创设"中华十大名山""深圳的旅游景点"等材料，展现中华秀丽景色；将传统文学与语言区相结合，可创设"粤语绕口令""四大名著""四季成语屏风"等材料，传承并发扬中国经典文学；将民间艺术与艺术区相结合，可提供"民间刻纸艺术""岭南渲染小作品"等，凸显民间艺术的精髓；将人文风俗与社会理解相结合，可创设"岭南风味小吃""广式茶艺馆"等材料，以便从地域美食、特色饮食习惯入手，体现民族特色和本地特色。

在区域材料的本土化探索实践过程中，只要提供的材料符合幼儿身心发展规律，从儿童的需求角度出发，那么这种材料便是有价值的。

# 第四节　幼儿园区域活动的意义和价值

## 一、幼儿园区域活动的意义

"随着时代的迅疾发展，人们生活水平的提高对教育的重视程度不同，幼儿教育也得到了提升，幼儿园内的学习氛围也更加融洽，内容也更加丰富多彩，多种类的艺术项目有利于幼儿的全面发展。"[1] 因此，开展幼儿园区域活动成为不可或缺的教育手段之一。在幼儿教育中，让幼儿在特定的空间中进行自主活动具有极其重要的意义。

第一，促进良好习惯的养成。在幼儿教育发展阶段，策划高度娱乐性的区域活动有助于幼儿更好地适应幼儿园的教学模式。音乐、舞蹈等艺术形式的设计不仅能够培养幼儿的审美意识，还能够使其对世界美好事物的感知不断提升，从而提高课堂氛围的活跃度。由于幼儿园对区域活动的设计注重科学性，教师应引导幼儿以正确的方式完成任务，培养其动手能力，进而促进良好习惯的养成。区域活动的设置，应从小处着手，潜移默化地引导幼儿形成一系列良好习惯。在这些活动中，幼儿需要按照规则行事，如保持整洁、尊重他人、遵守时间等，这些习惯将伴随他们成长，为其未来的学习和生活奠定良好的基础。

第二，培养合作意识。幼儿园区域活动的设置通常以团队合作的形式进行，因此需要幼儿之间相互合作、互相帮助。每个幼儿都有其独特且美好的一面，教师通过开展区域活动可以挖掘出幼儿内心更真实、更美好的性格魅力，帮助他们建立正确的基础观念和意识。在区域活动中，幼儿需要与同伴协作完成任务，这能促使他们学会倾听、分享、尊重他人意见等合作技能。尤其在幼儿这个年龄段，对与小伙伴合作的需求尤为迫切，通过培养正确的合作意识，能够促使他们学会与他人和谐相处，培养良好的团队精神。

---

①饶晓燕. 幼儿园区域活动的意义和价值［J］. 科普童话，2019（24）：131.

第三，促进身心全面发展。幼儿园区域活动的设置对实现基础教育目标和帮助幼儿全面发展具有良好的保证。在当今时代背景下，弘扬社会主义核心价值观、发展道德教育有利于社会进步。在幼儿园教育中，德育教育对弘扬集体主义和爱国主义尤为重要。通过区域活动，能够帮助幼儿培养良好的艺术品德和道德修养。在积极活跃的活动氛围中，能够培养他们的同理心和批判心，从而在日后的学习和生活中更好地适应社会需求。幼儿在丰富多彩的区域活动中获得乐趣，这有助于促进他们的身心协调发展。

## 二、幼儿园区域活动的价值

在幼儿园的教育体系中，区域活动被普遍视为一种重要的教学方式，其设计不仅是为了幼儿的娱乐和放松，更重要的是为了引导他们在自由探索中获 utem 得成长。以下探讨了幼儿园区域活动的价值，主要从创造力和想象力、认知水平和解决问题能力及情感态度三个方面进行了深入分析。

### （一）培养创造力和想象力

幼儿园区域活动在培养幼儿创造力和想象力方面发挥着关键作用。创造力和想象力是幼儿认识世界、表达自我、解决问题的重要能力，而区域活动提供了丰富多彩的环境，激发了幼儿的创造潜能。

在艺术区，幼儿可以自由地运用各种颜色的颜料，发挥想象力创作画作。通过这样的活动，幼儿不仅能够表达内心的感受和想法，还可以锻炼手眼协调能力，培养细致观察能力和创造性思维。例如，当他们用不同颜色的颜料在画布上涂鸦时，实际上是在尝试表达自己对颜色、形状的认识和理解，从而促进他们的想象力的发展。

另外，在角色扮演区，幼儿可以扮演各种不同的角色，如医生、老师、消防员等。这种角色扮演游戏不仅能够激发幼儿的想象力，还能够培养他们的社交能力和情商。通过模仿成人的行为和语言，幼儿能够学会与他人交流、合作，并体验到合作带来的乐趣和成就感。因此，幼儿园区域活动的设计为幼儿提供了丰富多样的创造性体验，通过自由探索和创作，可以促进幼儿的想象力和创造力的发展。

### (二) 提升认知水平和解决问题能力

幼儿园区域活动有助于提升幼儿的认知水平和解决问题能力。在各种任务设计中，幼儿需要动脑筋思考，通过尝试和探索解决各种问题。以搭建积木为例，这是一种常见的区域活动。在搭建积木的过程中，幼儿需要考虑积木的形状、大小、重量等因素，以及如何将它们组合成稳定的结构。这个过程不仅是对幼儿空间想象力和逻辑思维能力的挑战，还能够培养幼儿的手眼协调能力和空间感知能力。当幼儿成功地完成一座高耸的积木塔时，他们会感受到一种成就感和自豪感，这对于培养他们的自信心和自尊心至关重要。

另外，在益智游戏中，幼儿需要面对各种各样的问题，并想出解决问题的方法。例如，解开益智玩具上的难题、完成拼图游戏等。这些活动不仅能锻炼幼儿的逻辑思维能力，还能培养他们的耐心和毅力，教会他们在困难面前不放弃、持之以恒地解决问题。因此，幼儿园区域活动通过设计各种任务，可以促进幼儿的认知发展，培养他们的解决问题能力和逻辑思维能力。

### (三) 塑造积极向上的情感态度

幼儿园区域活动有助于塑造幼儿积极向上的情感态度。在各种活动中，幼儿不仅能够体验到成功的喜悦和合作的快乐，还能够学会勇于面对失败和挫折。

在区域活动中，幼儿可能会遇到各种困难，如画画时颜料洒出、搭积木时倒塌等。这时，教师的引导尤为重要。通过教师的帮助和鼓励，幼儿能够学会如何正确处理挫折和失败，以及如何从中吸取经验教训。例如，当幼儿的画作未能达到预期时，教师会鼓励他们不要灰心，帮助他们找到改进的方法，并肯定他们的努力和尝试。这样的引导有助于培养幼儿的自信心和乐观态度。

另外，通过参与合作活动，幼儿能够学会与他人相处、分享和帮助他人。当他们与同伴一起完成一项任务时，会体验到合作的快乐和成就感，从而形成积极向上的情感态度。

# 第二章　幼儿园区域活动的环境创设

幼儿园区域活动是幼儿教育中不可或缺的组成部分，它不仅有助于幼儿的自主学习，还有助于幼儿社会性、情感和认知能力的发展。幼儿园区域活动的环境创设，作为支持和促进这一过程的重要元素，对幼儿的学习体验和成长具有深远的影响。本章围绕区域环境的规划与创设、区域材料的投放与研究、幼儿园区域活动环境创设的策略、幼儿园区域活动与环境创设的实践进行了研究。

## 第一节　区域环境的规划与创设

"在区域活动中，多种区域的设置能够为幼儿提供更多的学习机会，促进幼儿多方面的发展"[①]。教师应根据不同年龄段幼儿的发展水平和活动需要，合理安排适宜的活动区域，为幼儿创设一个有准备的区域环境，设计独特的空间布局，从而促进幼儿在良好的区域环境中学习、探索、实践与发展。

### 一、区域环境的规划方案

科学规划幼儿园活动室的区域环境，可为幼儿提供各种不同的自由活动空间。幼儿可根据自己的兴趣需要，自主选择、自主探索，从而积累丰富的知识经验，促进幼儿个体的发展。教师应根据班级环境和教育内容的不同，科学合理地设置区域空间，使各个空间既相对独立，又彼此联系，使有限的空间发挥出最大的环境教育作用。

---

[①] 王微丽. 幼儿园区域活动：环境创设与活动设计方法［M］. 北京：中国轻工业出版社，2014.

（一）区域环境的规划原则

在幼儿园区域环境的设置中，教师应当精心为幼儿准备一个开放的、动态的、能提供多种探索机会的环境。教师在规划整体区域教育环境时，应充分利用课室、睡房、地面、桌面、墙面、空中等一切可利用的空间，为幼儿提供一个安全、舒适的区域活动环境，促进幼儿的身心健康发展。区域环境规划应遵循以下原则。

1. 整体与部分结合的原则

区域活动只是幼儿园课程的一部分，在进行区域环境规划时，要充分考虑幼儿的学习、游戏、生活等需要，在整体规划后再进行局部布置。在设置活动室空间时，除了要设置区域活动空间，还要设置开展幼儿集体活动及生活活动的空间，如喝水、如厕等场所。因此，科学、合理、实用、美观的整体环境规划，能够让一日活动更好地在活动空间里实施；动静相宜、因地制宜的区域环境规划，能够更好地使区域课程达到最优化。

（1）动静相宜。各区域因目标不同，在活动中有的区域需要为幼儿提供一个相对安静的场所，而有的活动区域因幼儿之间需要相互交流合作，活动时会出现一些嘈杂的声音。为了避免少数喧闹的区域干扰安静区域的活动，在空间划分时就应做到动静相宜。

（2）因地制宜。区域活动中，因某些材料的特殊性，幼儿需要用到水、电等，教师应该因地制宜，巧妙划分活动室的空间和场地，将有需要的区域安排在靠近水、电的地方。例如，可将玩水区安排在盥洗室，这样既能够方便幼儿取水，也不会因操作不当影响到其他区域。

2. 室内与室外互补的原则

在区域环境的规划中，除在活动室内设置各区域以外，还应合理运用幼儿园的角落与场地，对室内和室外的资源进行有效整合，从而实现室内环境相对安静与室外环境相对喧闹的互补、室内活动常规相对规范与室外活动常规相对宽松的互补、室内活动内容相对严谨与室外活动内容相对开放的互补，通过多种不同环境的教育作用，促进幼儿全面发展。

在开发室外场地时，除了应注重以往的传统场地，促进幼儿的体能提升，教师还应在室外设置一些能让幼儿与大自然亲密接触的活动区域。例如，可设置开放式沙水区，幼儿可以在一种自然的状态下运用已有的多元经验，用沙子、水进行想象、创造，在与同伴合作的过程中享受成功的快乐。又如，可巧妙利用幼儿园的地形特征，在室外设置一个探险区，探险区对幼儿而言有着极强的诱惑力。教师可在高低不平的土丘上设置障碍，在土丘下隐藏一个特别设计的"时光隧道"，幼儿在跨越一道道障碍的同时，还需要克服怕黑的心理，大胆穿越"时光隧道"，使幼儿在探险的过程中提高自身克服困难的能力。因此，室内与室外互补的原则，不仅能赋予幼儿无限的想象、表现的空间，还能充分满足其身心健康、认知建构、交往合作等方面的需要。

3. 开放与围合平衡的原则

在进行区域环境规划时，教师应从区域活动的功能、区域活动的内容等多方面进行考虑、分析，要整体布局开放性区域与围合性区域，使两者之间达到平衡。

（1）从区域活动的功能进行考虑。各区域因教育目标不同，所承载的教育功能也各不相同，因此在开展活动时需要的环境也就有所不同，有的需要区域场地开放，有的则需要区域场地相对围合。

（2）从区域活动的内容进行分析。除了应从区域活动的功能进行考虑，教师还应关注区域活动的内容。有的区域活动内容除了具有本区域的特点，还与其他区域有着广泛的联系，在设置这些区域时教师也要考虑其空间的开放性。比如拓展区，这一区域是与主题相关的区域，区域活动内容涉及各个领域，在设置该区域时，教师就应在活动室寻找合理、科学的场所，设置开放的区域，方便幼儿在拓展区活动时与各区域进行交流。

（二）区域环境的规划方法

为了给幼儿提供一个科学、有序、有准备的环境，并引导幼儿自主、快速、准确地选择区域活动，教师可利用标识、图片、活动柜、空中挂饰等来划分各区域活动场地。

1. 隔断法

所谓隔断法，就是利用一些地面隔断物体把空间划分成若干区域。这种分割法具有灵活、方便、易变化、可随时调整和移动等特点，成为幼儿园区域空间划分的主要方式。这种方式可以利用的地面隔断物有活动柜、桌子、椅子、屏风等物品，在区域设置时，可利用这些物品的高矮搭配、物品的不同摆放方向，或采用在两个区域中放一个隔断物等不同方法，根据区域需要的空间大小及区域活动时需要隐蔽、安静、开放等特点进行隔断划分。这种方法适用于每个区域。

2. 标识法

所谓标识法，就是用文字、图画或者图文匹配等不同形式作为区域标识，放置或悬挂在区域入口处，帮助幼儿快速、清晰地找到该区域的方法。使用这种方法来划分区域环境时，教师一定要根据每个区域的显著特点，选择与区域相匹配的、适宜的文字和图案，使标识更具区域特性，让幼儿在寻找目标区域时更加快捷方便，减少幼儿在活动过程中寻找区域位置的时间。

3. 悬挂法

所谓悬挂法，就是教师利用各种不同的挂饰对活动空间进行划分的一种方法。在选择悬挂材料时，教师应根据活动室的高度、面积及区域划分的实际需求，选择适宜的数量、种类、色彩。在放置悬挂材料时，教师应考虑幼儿的视线范围，选择合适的悬挂高度。这种方法既可以对区域进行局部划分，又可以起到装饰环境的作用。

悬挂法具有较强的针对性，一般适用于有一定特色的区域，比如美工区、阅读区。采用合理的区域环境规划方法，能让幼儿明确各个区域的位置和活动内容，从而快速地作出判断，选择自己感兴趣的区域材料进行操作，这为幼儿提供了可以随时自由出入的较大空间，使幼儿在活动区有限的活动时间里，大胆进行探索与创造。

## 二、区域环境的设施要素

区域环境的设施要素包括区域中的活动柜、操作台、操作毯、收纳架等。在选择这些设施时，教师应精心挑选，考虑各年龄段幼儿身心发展的特点，考虑各区域的不同特性，还应尊重幼儿的喜好。在投放这些设施时，教师应合理布局，科学利用，让设施更好地为区域环境服务。

## （一）区域中的活动柜

活动柜是区域活动中的基本设施，它可以划分区域空间，也可以放置各种区域材料。因此，如何选择适宜的活动柜，如何在活动柜上摆放物品，是教师在为幼儿提供有准备的环境时必须思考的问题。

1. 区域中活动柜的选择

区域中的活动柜是放置材料的主要地方，因此选择并设置适宜的活动柜是幼儿顺利进行区域活动的基本保障。在选择活动柜时，应从以下 3 个方面进行考虑。

（1）活动柜在外形、高度、宽窄、大小等方面都应符合幼儿的年龄和生理特点，便于幼儿取放和使用物品。

（2）活动柜的安全稳固、方便清洁也是非常重要的。活动柜的材料应无毒、无安全隐患，并选择严格按照国家相关教玩具安全规定生产的、方便教师定期进行消毒的活动柜。

（3）活动柜应该与所在区域的特性相关，活动柜的款式、色彩、层架应符合该区域的特点与要求，能够让人有赏心悦目的感觉。

2. 各区域适宜的活动柜

（1）一般区域的活动柜。一般区域指语言区、数学区、科学区等，这几个区域所使用的活动柜可以在风格、款式上基本类似。

第一，活动柜的材质：通常采用实木、塑料和金属材质，以实木材质居多，安全环保，富有质感。

第二，活动柜的颜色：通常以原木色、白色、浅粉、淡绿、浅蓝等接近自然的浅色系为主，视觉上给人舒适、清爽的感觉，适宜在教室里大面积地使用。

第三，活动柜的外形：通常选用与幼儿身高等高或稍高于幼儿的长方形层柜，也可根据个别区域的需要，部分地使用正方形、阶梯形的活动柜。

第四，活动柜的规格：活动柜的高度、尺寸应符合幼儿的身高，以方便幼儿使用，柜内各个层架应在幼儿的视线范围之内，还应保证层架间隔适宜，适合摆放各种托盘、容器等。

（2）特殊区域的活动柜。在区域活动中，某些区域的材料具有特殊性，比如食品区的打蛋器、冰箱、微波炉等器具，生态区的小动物、小植物等。这些物品大小各异、高低不同，因此对活动柜有特殊的要求。

第一，阅读区。教师应为幼儿提供一个安静舒适的环境，让幼儿通过阅读图书来感受文学作品的美，从中获取知识和快乐。选择阅读区的活动柜时，应根据幼儿的年龄特点和提供给幼儿的图书、绘本的大小，选择适合的图书柜或书架。对图书柜的外形不做特别规定，最好是开放式的，能够使每本图书独立摆放，不重叠，便于幼儿独自取放；也可以是组合式的，根据场地的需要自由组合、摆放。柜面设计可更富美感，如搭配不同的色彩、漂亮的卡通图案和几何图形等，使幼儿乐意到阅读区活动。需要注意的是，阅读区活动柜里一次不宜放太多的图书，教师可将储存的绘本、故事书收纳到各种藤编筐里定期更换，保证区域整齐、清爽。阅读区书柜的尺寸一般为 60 cm×30 cm×70 cm（长、宽、高）。

第二，食品区。幼儿喜欢模仿成人的一言一行，他们对成人的劳动很好奇。例如，幼儿常常喜欢模仿妈妈做饭、洗衣服等活动。食品区域活动可满足幼儿的这一需求，它既贴近幼儿的生活，又有助于拓展幼儿的生活经验，还能培养幼儿乐意照顾别人的情感。通过建构"小厨房"氛围的食品区，幼儿可以在区域活动中充分地运用各种真实的工具及食材学习简单的美食加工和制作方法，获得初步的生活经验。鉴于食品区域对食材、加工过程、使用工具等的卫生安全性要求，食品区的活动柜通常选用家庭厨房操作台使用的材料，并配备微波炉、烤箱、冰箱等电器，因此活动柜的选择应考虑适合放置电器及厨房器皿、碗、盘等物品，外形以正方形、长方形为主，颜色通常以原木色、白色等浅色系为主。

第三，玩水区。玩水是幼儿熟悉和喜爱的活动，玩水区活动适合幼儿的兴趣和年龄特点，通过该活动能让幼儿体验玩水的乐趣、感受水的特性，引发幼儿学习与水相关的科学小实验、生活技能的兴趣。由于玩水区需要用水，因此活动柜一般会放置在盥洗室，而活动柜的材料要以防水、防潮及可以清洗的塑胶类层架为主，形状以正方形、长方形为主，便于放置水桶、水盆、托盘等。颜色以白色、粉色等浅色系为主。塑料架尺寸一般为 45 cm×39 cm×78 cm（长、宽、高）。

第四，生态区。动植物是人类的好朋友，也深得幼儿喜爱，生态区的设置能让幼儿有随时亲近植物、动物，探索和发现自然，关心生态环境的条件和可能。通过在生态区观察、照顾、养育动植物，可增进幼儿热爱大自然、爱护动植物的情感，激发他们探索大自然的兴趣。这是幼儿乐于探索的一个区域。

根据条件，生态区可以设置在室内，也可以设置在室外，因此在选择和使用活动柜时要特别注意其安全耐用性。生态区的活动柜主要用于摆放植物、小动物，同时美化环境，以流线型的活动柜为主。活动柜的材质通常采用实木、塑料材质，以实木为主。活动柜的颜色通常以白色、粉色等浅色为主，能够凸显植物的青葱翠绿。活动柜的高度、规格等，以适合摆放植物和小动物、方便幼儿观察为原则。

（二）区域中的操作台

幼儿在区域活动中最常用的操作台是桌子和操作毯。教师应根据幼儿的身心发展水平及各区域材料的特点提供适宜的操作台。

1. 桌子与操作毯的选择

选择桌子与操作毯时，应考虑安全因素及幼儿的年龄特点。在选择桌子时，应考虑桌子的材质是否安全、无毒，桌子的表面是否光滑、平整，桌子的高度、大小是否适合幼儿的年龄特点。在选择操作毯时，操作毯的材质要环保、软硬适度：既不能太软，影响操作时材料的摆放；也不能太硬，以避免幼儿在操作材料时受到意外伤害。操作毯的大小要适中，方便不同年龄的幼儿操作与取放。

2. 桌子与操作毯的类型与摆放

（1）桌子与操作毯的类型。常见的桌子类型主要包括以下几种：①圆桌：适合小组活动和合作任务，能促进幼儿之间的互动和交流。圆桌通常放置在教室的中心区域，以便于幼儿围坐，形成一个平等的互动空间。②方桌：多用于小组讨论和合作学习，方桌的形状便于教室内的灵活摆放，能根据不同活动需求随时调整位置和组合方式。③长桌：适用于需要较大操作空间的活动，如绘画、手工制作等。长桌可以沿着教室的墙壁或窗户摆放，提供充足的操作空间，同时避免干扰教室内其他活动区域。④可调节高度桌：这种桌子可以根据幼儿的身高进行调节，确保每个幼儿在操作时能保持良好的坐姿，避免因桌子高度不适造成的不适或姿势不良。可调节高度桌特别适合混龄班级或不同身高幼儿的个性化需求。操作毯的形状以长方形为宜，根据幼儿的年龄特点可分为不同的型号。对于年龄小的幼儿，由于材料内容相对简单、材料组成数量少，宜选用小号操作毯，规格一般为 56 cm×38 cm。对于年龄大的幼儿，由于材料相对比较复杂，材料组成的数量有所增加，宜选用大号操作毯，规格一般为 115 cm×80 cm。两种操作毯都应选择单一颜色，避免因操作毯的花哨给幼儿操作材料带来干扰，分散幼儿的注意力。

（2）桌子与操作毯的摆放。教师在规划桌子和操作毯在区域环境中的位置与摆放方式时，应考虑幼儿的年龄特征及桌子和操作毯的类型，有针对性地进行摆放。

第一，1—3 岁幼儿。1—3 岁幼儿动作发展不协调，精细动作发展较弱。在安排桌子时，应为他们提供符合其身高和发展水平的小号桌子。桌子的摆放位置应固定，桌子可以放在活动区的一侧，便于幼儿自由取放玩具和材料，同时不会妨碍他们的移动和游戏。此外，桌子表面应柔软、安全，边缘应圆滑，以防止幼儿受伤。在安排操作毯时，应为他们提供小号操作毯。在为幼儿安排操作毯的取放场地时，应选择一个不影响幼儿活动的固定位置。保证班级区域活动的顺利开展。考虑到 1—3 岁幼儿的发展水平，取放时不宜要求幼儿将操作毯卷起。

第二，3—6 岁幼儿。随着幼儿能力的不断增强，他们操作的材料越来越复杂。在为这个年龄段的幼儿提供桌子时，桌子的尺寸和高度应适中，桌子的材质应坚固且易于清洁，同时桌面应有足够的空间供幼儿摆放和整理操作材料。为了培养幼儿的整理和收纳能力，教师可以引导他们在活动结束后将桌子上的材料整齐地收回指定位置。在提供操作毯时，要考虑操作毯的面积能充分放下操作材料，其面积应比 1—3 岁幼儿使用的要稍大些，且材质要比较柔软，便于幼儿将操作毯卷起后整齐地放入收纳架中。

3. 幼儿区域活动中的操作台选择

幼儿在区域活动中根据操作材料的不同，可以选择在桌子上或在操作毯上进行区域活动。

（1）适合在操作毯上操作的活动。一是操作材料比较多，比如科学实验、与同伴合作的材料等；二是操作材料比较大，比如大型的地图嵌板等。

（2）适合在桌子上操作的活动。一是操作材料中有需要幼儿书写的内容；二是操作材料中有水、颜料、墨水等容易晕染的材料；三是操作中会使用到刀、碗、食材等材料。

（三）区域中的操作毯收纳架

在幼儿园环境中，操作毯收纳架作为基本设施之一，扮演着至关重要的角色。从操作毯收纳架的类型、材质选择到摆放位置，都需要教师根据幼儿园的特点和需求进行合理设计和布置。首先，操作毯收纳架的类型是影响其功能和使用效果的重要因素。在选择操作毯收纳架的类型时，需要考虑幼儿园的校园环境、文化氛围及班级整体特色。在选择操作毯收纳架的材质时，需要考虑木料和PU（聚氨脂）等不同质地的材料。木料操作毯收纳架通常更具自然感和环保性，适合与幼儿园的自然环境相融合；而PU材质的操作毯收纳架则更容易清洁、更耐用，适合长期使用。教师可以根据班级幼儿人数、操作毯面积、操作毯的数量等因素，决定操作毯收纳架的大小、高度、形状、容量等，以满足幼儿园特定的需求和空间限制。其次，操作毯收纳架的摆放位置对幼儿园的区域环境和活动氛围有着重要的影响。在摆放操作毯收纳架时，教师需要综合考虑安全性和便利性两个方面。从安全的角度考虑，操作毯架应尽量摆放在靠墙或者靠近活动柜的位置，以稳固支撑和防止倾倒。这样的布置能有效地减少意外伤害的发生，保障幼儿的安全。同时，也要考虑幼儿自主取放操作毯的便利性，根据班级区域划分和设置情况进行摆放，让幼儿能够方便地获取所需的操作毯，不影响其他活动区域的正常使用。

在幼儿园的实际操作中，教师还应该考虑操作毯收纳架的布置与教学活动的结合。操作毯收纳架不仅仅是为了存放毯子，更是一个可以进行各种教学活动的空间。因此，在设计操作毯收纳架的同时，也应考虑如何充分利用其功能为幼儿提供丰富多彩的学习体验。可以在操作毯收纳架周围设置一些教具和玩具，激发幼儿的兴趣，引导他们主动参与到各种教学活动中去。同时，也可以在操作毯收纳架上设计一些标识或者分类，以帮助幼儿更好地理解和掌握物品的归类和使用方法，促进幼儿的认知发展。

## 三、区域环境中标识的指引

在区域活动中，教师通常会设计出各种不同的标识，用标识划分区域环境的布局，帮助幼儿建立区域活动的常规。这些标识会出现在活动柜、托盘、桌子、操作毯及地板上。教师将区域活动的规则巧妙地蕴含在各种标识当中，充分发挥标识的教育作用，使幼儿在进入不同的区域后就能得到相应的刺激与暗示，明白在区域活动中要遵守的规则，在潜移默化中培养幼儿的规则意识及自我管理能力。

### （一）区域环境中活动柜上的标识

活动柜上的标识是指各个区域柜子上的不同记号，这些记号以不同的方式呈现，方便幼儿在区域活动中清楚地取放材料，建立良好的区域活动常规。

1. 标识的作用

（1）有利于物品摆放有序。为了方便幼儿选择与取放区域活动材料，材料一般以开放的形式呈现在活动柜中。这对材料的摆放方式有很高的要求，一旦材料摆放不整齐，就会使整个活动环境显得杂乱无章。如果在活动柜上做上各种物品摆放标记，那么可以使材料的摆放整齐有序，使整个环境协调和美观。

（2）有利于区分不同区域。在不同的区域做有某一共性特征的不同标识，可以引导幼儿在选择、取放材料时，通过标识来清楚地辨别不同的活动区。例如，语言区用标有不同数字的红色爱心，数学区用标有不同数字的绿色爱心，幼儿在完成活动归放材料时，首先可以通过标识颜色找到相应区域，再通过数字找到材料所在的具体位置。

（3）有利于建立良好的常规。在区域个别探究活动中，教师的指导压力比集体活动时要大，此时应发挥环境的作用，通过环境中的暗示来引导幼儿自主地开展活动，减少教师维持常规的时间和压力，这时标识的作用不容忽视。教师合理、科学地设计活动柜上的标识，通过标识来帮助幼儿选择材料、整齐地收放材料，既能培养幼儿独立选择活动的能力，又能养成幼儿有始有终地进行区域活动的良好习惯。

2. 标识与幼儿年龄的匹配

标识与幼儿年龄的匹配是设计幼儿活动环境中至关重要的环节。在教育实践中，教师应当根据幼儿的认知水平、学习能力和兴趣特点，设计相应的标识，以促进幼儿的学习和发展。以下分别从小班、中班和大班三个年龄段的幼儿角度，探讨如何设计适合他们认知水平的标识。

在小班阶段，幼儿的认知水平主要表现为直观性和具体形象性。因此，在设计小班幼儿能够快速辨别的标识时，应注重标识的形象化和生活化。例如，可以选择立体凸起的卡通贴纸来做标识，这样的标识既能吸引幼儿的注意力，又能让他们直观地感受到标识的真实性和立体感。此外，教师也可以直接用笔在颜色底板上勾画出简单的动植物、水果的轮廓，这些图案都是与幼儿生活息息相关的，幼儿容易辨认和记忆。

进入中班阶段，幼儿的认知水平有所提高，他们开始有初步的概括分类能力，对规则的认识也逐渐形成。在这个阶段，教师在选择标识时可以引入一些几何图形、数字等符号，以及各种交通工具等图案。这些标识应配以不同的颜色底板，用以区分不同的活动区域。通过这些标识的使用，幼儿不仅能正确认识数字、几何图形等基本概念，还能学会对事物进行分类和归类，为日后的学习奠定基础。

到了大班阶段，幼儿的认知水平已经有了显著的提高，开始展现出一定的抽象逻辑思维能力。他们喜欢用分类、比较、推理等不同方式探索事物的规律，对文字也表现出了一定的兴趣。因此，在设计大班幼儿的标识时，应选择一些更加抽象的符号或数字。例如，可以选用一些简单的易懂易记的汉字、单一的英文字母、50 以内的数字及简单的数字符号作为标识，并将它们用正规的字体打印出来，配上不同颜色的底板分类投放到各个区域。这样的设计不仅能够满足大班幼儿的认知需求，还能够促进他们在活动中的思维的发展和语言能力的提升。

3. 标识与区域特性的匹配

在标识的设计中，除了应考虑幼儿的年龄特征，教师还应考虑区域间的不同特点，通过设计一些与本区域内容相关的标识，帮助幼儿更好地理解区域的内涵。例如，在大班的标识中，语言区可以涉及简单的象形文字，数学区可以用数字或数学符号，常规区可以用一些安全标记或环保标记（节水、节电等）；中班科学区可以用一些科学家头像或天气标识（台风、大雨、雷电等），美工区可以用不同的色块做标识；小班科学区可以选择一些水果、蔬菜、动植物图片，生活区可以选择一些生活中常用的衣物、鞋袜图片等。这些带有明显区域特征的标识，既能帮助幼儿以最快的方式记住各区域的标识，又能在班级区域活动常规培养中起到积极的作用。

除了以上方面，教师在为活动柜设计各种创意标识时，应注重色彩协调、图形简练、线条清晰；标识的唯一性也很重要，要避免重复的图案或色彩对幼儿造成干扰，让各种标识更好地为幼儿的区域活动提供帮助。

（二）区域环境中操作台上的标识

在区域环境的创设中，教师可以利用一些精致小巧的装饰物在桌子和操作毯上进行标识，这些标识不仅能科学地将活动区的地面划分成若干区域，还能很好地限定各区域的进区活动人数，对区域活动的正常开展、区域常规的建立、幼儿自主性探究活动的进行都能起到很好的促进作用。

1. 操作毯上设计的标识

操作毯上设计的标识是一种物化了的常规，其作用是帮助幼儿按照操作毯上的标识，独立地将操作毯及操作材料摆放到指定位置，使幼儿快速有序地进入下一步的操作活动。

（1）操作毯标识的作用。对于操作毯上的标识，一般将两个相同的标识设计在操作毯的对角处。这两个标识一个用于操作毯与地面操作毯摆放标识的对应，帮助幼儿独立收放操作毯；另一个则用于引导幼儿在操作毯上正确摆放盛放操作材料的器皿。

（2）操作毯标识的选择。在选择操作毯上的标识时，要尽量做到简洁、小巧，以免标志过于繁杂而对幼儿在操作毯上探索材料形成干扰，一般选用圆点、小花等图案。

（3）操作毯标识的固定方法。区域活动中的操作毯一般是纺织品，表面粗糙，且经常需要用水消毒清洗，用胶粘的形式在操作毯上做标识，不容易固定。因此，教师在固定操作毯上的标识时，最好采用缝制的方法，这样操作毯上的标识不容易脱落，也方便清洁。

2. 桌面上设计的标识

为了最大限度地利用桌面空间，确保在同一张桌子上进行活动的幼儿不相互干扰，教师可以在桌面上设计标识。这些标识可以限定每张桌子的操作人数，并规定幼儿在进行活动时所处的位置。通过这种方式，教师可以有效地管理幼儿的活动，提高活动效率。

3. 地板上设计的标识

在区域环境的创设中，活动室的地面、墙面、桌面应被充分利用，教师设计的每一个点、每一条线都应具备潜在的教育功能，使幼儿在这种宽松、自由的环境中能够得到和谐发展。因此，地板上的圈、线、点等在区域活动中各自充分发挥着积极的作用。

（1）地板上的圈。在区域活动中，每一次的预备游戏活动、小结活动都需要幼儿围坐在圈上完成，因此地板上圈的大小一般视班上幼儿的人数而定，幼儿人数较多的班级可以分为外圈和内圈。圈的形状视活动室面积、空间结构而定，一般可以选择圆形或者椭圆形。地板上所贴线圈的颜色要与活动室地板颜色相协调，不能给幼儿带来太过强烈的视觉冲击。

（2）地板上的线。在活动室的地板上，会出现一些长度不一、宽窄不同、颜色各异的线，这些线主要是用来规范区域活动中地毯摆放的位置、提醒玩水区幼儿与水源的距离、暗示阅读区幼儿鞋子的摆放位置等的。这些线的长度、宽度、颜色要与活动室地板整体布局相统一，真正起到帮助幼儿与周围环境直接互动的作用。

（3）地板上的点。在活动室地板上的圈上和线上，教师会巧妙地用一些细小的卡通图案、花草虫鱼、几何图形来分割设置这些线条和圆圈。通常，教师会按照班级的幼儿人数将地板上的圆圈等分为若干个点，在每个点上粘贴一个相应的标识，一个标识代表一个孩子的位置。在带有线条的地板上，教师按照进入该活动区域的人数，同样用一个标识进行区分。这样不仅能通过标识引导幼儿合理地利用空间，还能通过标识引导幼儿逐步建立良好的活动常规。

# 第二节　区域材料的投放与研究

在区域活动中，区域材料的投放与研究也成了区域活动的工作重点。材料是区域活动的三大要素之一，也是"有准备的环境"中的核心要素，材料是开展区域活动的物质基础，承载着各领域的教学内容，是幼儿建构知识的依托。幼儿就是在不断地、主动地操作材料的过程中获取信息、积累经验和发展能力的，因此材料是促进幼儿发展的物质载体。

提供适宜的材料是区域活动中教师应该具备的专业技能之一，教师通过精深的思考、巧妙的设计，将活动指导、活动目标、活动内容渗透在所设计的活动材料中，通过材料实现教师的指导解放，实现幼儿的自主独立探索。此外，不同年龄的幼儿因认知水平、能力发展、兴趣爱好各异，所操作的活动材料有各年龄段的不同特点，只有随着幼儿的发展及时地调整、更新材料，才能使材料具有适宜性，符合幼儿的需要、促进幼儿的发展。

## 一、区域材料的主要特性

在认知发展中，幼儿的思维主要是直观形象性思维，他们是在与具体的物体和环境的互动中促进思维的发展。教师应提供符合幼儿认知发展特点的区域材料，使幼儿在与环境互动、与材料对话中激发探究欲望。适宜的区域材料应该具有可操作性、引导性、层次性和丰富性。

### （一）区域材料的可操作性

区域活动的核心在于通过幼儿对材料的操作来促进其个性化发展。因此，材料的可操作性是其最根本的特性。然而，并非所有投放在区域中的材料都具备可操作性。幼儿的随意摆弄并不总能有效地促进其思维的发展，只有那些能够激发幼儿思考和创造的材料，才能被认定为具有可操作性。以下是对材料可操作性的评定标准的详细论述。

第一，材料操作的半成品化。从材料的性质来看，我们可以将其分为原始材料、半成品材料及成品材料。原始材料是没有经过任何加工的，它具有多种操作方式，没有明确的操作界限，缺乏指导性。成品材料则是教师加工后直接投放的，幼儿可以直接使用，但这种材料往往只会导致幼儿简单重复地操作，限制了其独立思考的空间。相比而言，半成品材料经过教师的初步加工，将教育目标和意图隐含其中，同时保留了一定的开放性，给予幼儿想象和创造的空间。幼儿需要通过自己的思考和创造，将半成品材料转化为成品。这种"半成品"为幼儿提供了更多的操作和创造机会，以及动手和动脑的可能性。与"原材料"相比，"半成品"提供了一定的操作线索，引导幼儿完成自己的作品。因此，半成品材料是可操作性较强的材料。

第二，材料结构的适宜化。材料的结构化程度是评定其可操作性的另一个重要标准。高结构化的材料在操作时有明确的步骤、规则和方法，幼儿只需遵循这些指导即可完成操作，但这种一致性的操作结果可能限制了幼儿的创造性思维。相反，低结构化的材料在操作过程中没有固定的步骤和规则，其隐含着部分操作线索，需要幼儿进行创造性思考，从而形成独特的操作结果。低结构化的材料往往来源于幼儿的日常生活，如废旧物品等，它们对幼儿的操作限制较少，能够激发幼儿的主观能动性。然而，为幼儿提供适宜的低结构化材料对教师而言是一个挑战。如果材料过于无结构化，可能会导致幼儿操作无目的，不利于其发展；而高结构化的材料又可能限制幼儿的创造性。此外，不同年龄阶段的幼儿对材料的结构化要求也不尽相同。小班幼儿由于操作能力较弱，可以提供结构化程度较高的材料，随着幼儿能力的提升，教师应逐步降低材料的结构化程度。教师需要通过仔细观察，了解幼儿的操作水平和发展经验，以提供结构化适宜的操作材料。

第三，材料与幼儿发展阶段的匹配性。材料的可操作性还必须与幼儿的发展阶段相匹配。幼儿在不同的成长阶段具有不同的身心特点和学习需求。因此，教师在选择和设计区域材料时，应充分考虑幼儿的年龄特征和发展水平。例如，对于年幼的幼儿，可以提供更多的感官刺激和动手操作的材料，以促进其感官和动作技能的发展；而对于年纪稍大的幼儿，则可以提供更具挑战性和创造性的材料，以促进其思维和解决问题能力的发展。

第四，材料的多样性和层次性。区域材料的可操作性还体现在其多样性和层次性上。幼儿具有不同的兴趣和学习风格，因此提供多样化的材料可以满足不同幼儿的需求。同时，材料应具有不同的难度层次，以适应不同能力水平的幼儿。这样，每个幼儿都能在适合自己的水平上进行操作，同时又能逐步挑战更高难度的材料，促进其持续发展。

第五，材料的互动性和合作性。在区域活动中，幼儿常常需要与同伴交流想法、分享材料、协作完成任务。因此，教师应选择那些能够激发幼儿交流和合作的材料，如拼图、建筑积木、角色扮演道具等。这些材料不仅能促进幼儿的社交技能，还能通过合作学习促进其认知和语言能力的发展。

第六，材料的创新性和可持续性。创新性意味着材料能够激发幼儿的新想法，而可持续性则意味着材料能够被重复使用，并在不同的活动中发挥作用。教师可以利用日常生活中的物品，如废旧纸箱、塑料瓶等，通过创新的设计将其转化为有趣的教育材料。这样的材料不仅环保，而且能够激发幼儿的创造力和想象力。

（二）区域材料的引导性

区域材料的引导性是教师设计活动区时必须考虑的重要因素之一。所谓引导性，指的是教师提供的材料能够引导幼儿完成某种"成品"，而这个"成品"往往与教育目标密切相关。在活动区教学中，引导性不仅体现了教育目标的清晰性和达成性，还体现了活动区教学的科学性和有效性。首先，需要理解引导性与可操作性之间的关系。可操作性是指材料能够给予幼儿动手操作的空间和机会，激发其创造力和想象力。引导性则是指在操作的过程中，材料能够引导幼儿逐步完成特定的"成品"。这两者是紧密相连的，可操作性为幼儿提供了与材料互动的机会，而引导性则指导幼儿在互动的过程中完成特定目标。可操作性保证了幼儿与材料之间的充分互动，而引导性则确保了这种互动能够达成教育目标。换言之，可操作性提供了操作的空间，而引导性则明确了操作的方向。其次，引导性与教师指导之间存在着密切的关系。教师在设计和引导材料使用过程中发挥着关键作用。尽管大部分的引导性被隐藏在材料之中，但教师的指导仍然是必不可少的。教师需要根据幼儿的年龄特点、兴趣爱好和学习水平，设计并引导他们使用材料。在指导过程中，教师需要关注幼儿的现有经验和兴趣，同时帮助他们获得新的学习经验。这些经验既要与幼儿的生活经验贴近，又要有助于拓展他们的认知和技能。此外，教师的指导也需要适时，不应干扰幼儿的操作，而应在幼儿遇到困难时给予适当的帮助。

因此，区域材料的引导性不仅与材料本身的设计有关，还与教师的指导密切相关。教师在设计活动区材料时，必须明确教育目标，通过巧妙的设计将教育指导融入材料之中，以确保材料具有引导性。只有具有引导性的材料才能真正促进幼儿的学习和发展。因此，教师在活动区教学中应注重材料的引导性，以提高教育教学质量，实现教育目标的有效达成。

### （三）区域材料的层次性

幼儿在发展过程中不仅呈现出年龄差异，而且呈现出个体差异，因此教师在提供材料时，一定要了解幼儿的发展经验，遵循幼儿的差异性，提供有层次性的材料，满足幼儿不同的心理发展需求。材料的层次性主要表现在三个方面：一是不同年龄段材料的层次性，二是同一活动不同材料的层次性，三是同一区域材料的层次性。下面将具体从年龄段的角度进行论述。

#### 1. 不同年龄段材料的层次性

不同年龄段的幼儿在心理发展上呈现出显著的差异，因此教师在选择和提供材料时应考虑这些差异，以确保材料的适宜性和可操作性。从美工区这一活动区域来看，小班幼儿的经验和想象力尚未充分发展，因此他们需要更为具象、逼真的材料来进行创作。教师可以提供一些已经画好了轮廓的毛巾、衣服等材料，让幼儿进行涂鸦和填色，这既可以锻炼他们的手部技能，又可以满足他们对生活场景的感知和表达需求。而中班幼儿的创作欲望和操作能力得到了一定程度的提升，教师可以适当提供一些半成品材料，如橡皮泥、皱纹纸、纸盒等，让幼儿进行二次创作，培养其想象力和创造力。大班幼儿已经具备了一定的操作能力和创造力，因此教师可以多提供一些具有挑战性的半成品和建构材料，如蜡光纸、包装纸、彩带等，以激发他们的再创造意愿和创意表达能力。

2. 同一年龄段材料的层次性

即使是在同一年龄段，不同幼儿之间的能力水平和兴趣爱好也会存在差异，因此教师需要提供多样化、多层次的材料，以满足幼儿的个体发展需求。以中班美工区装饰帽子为例，有的幼儿可能只喜欢简单地在帽子上画花纹装饰，对此教师可以为其提供简单的画笔和颜料；而有的幼儿可能更喜欢剪贴，教师可以为其提供一些已有的花纹图案和装饰材料；还有一些幼儿可能对设计和创作更感兴趣，教师可以为其提供一些彩纸、贴纸和装饰物，让他们自由发挥想象，设计属于自己的帽子。这样的多样化材料选择不仅能够满足幼儿的一般发展需要，也能够有针对性地满足个别幼儿的特殊需求，让每个幼儿都能够找到适合自己的创作方式和风格。

在选择和使用材料时，教师需要充分考虑幼儿的年龄特点和发展需求，以及材料对幼儿的适宜性和促进作用。首先，教师应该将教育目标与材料功能相结合，有针对性地选择并适时投放对幼儿发展最具促进作用的材料。其次，教师应该将材料分为几个层次，并明确投放材料的步骤，随着活动目标的逐步提高，分期分批地不断更新材料，由易到难地引导幼儿参与活动，使其在不断的探索中获得成就感和满足感。最后，教师应该在活动过程中给予幼儿适当的指导和支持，帮助他们克服困难、解决问题，促进自身的发展和成长。

（四）区域材料的丰富性

在区域活动中，为了满足不同幼儿的发展需求，教师应该投放丰富的材料。材料的丰富性主要体现在种类多样及数量充足两个方面。

1. 种类的多样性

教师应为幼儿提供多种多样的材料，从幼儿发展所涉及的各个方面的需要出发，投放丰富多样的区域材料，以促进幼儿各领域的全面发展。例如，建构区除了提供大型的积木，还要有桌面插塑积木及半成品材料的投入；美工区除了有油画棒、毛笔、剪刀、泥工板等一些基本的工具性材料，还必须添加一些彩纸、吸管、橡皮泥、颜料等辅助材料，以满足幼儿不同的创作活动的需要，为幼儿的创作想象提供多样化的选择。幼儿只有在与众多材料的相互作用过程中，才能充分运用自身的各种感官，看看、做做、试试、比比、想想，以此提升思维能力，理解事物的多样化，不断有所发现、有所进步、有所提高和发展。

2. 数量的充足性

材料的丰富性还体现为材料数量的充足，以满足多数幼儿自由选择的需要。幼儿尤其喜欢模仿，常常会因为同伴的操作材料的新奇有趣而产生对该材料的操作欲望，这就需要有一定数量的材料供幼儿自由地选择使用，以保证幼儿的操作活动可以顺利进行下去。

区域材料是区域活动的物质支柱，是幼儿活动的工具，材料投放是否得当，对幼儿的发展起着决定性作用。区域材料只有具有以上特性，才能充分调动幼儿的积极性，让他们主动地认识环境，与环境交往，从而积极地投入活动，通过自主探索来获取知识，经过不断摸索和尝试来积累经验、提高多方面的能力，最终实现自主性的发展。

## 二、区域材料的年龄适宜性

在提供材料时，教师不仅需要了解材料的可操作性、引导性、层次性、丰富性等关键特性，也应该从本班幼儿的发展水平出发，了解区域材料的年龄特性。根据皮亚杰的儿童思维发展阶段理论，3—6岁幼儿的思维处于前运算阶段，他们从具体动作思维解放出来，开始依据表象进行思维。因此，教师在创设区域材料时，一定要分析把握各年龄段区域材料的特性，根据本班幼儿的年龄特点设计出适宜的区域材料。

### （一）3—4岁幼儿的区域材料

3—4岁幼儿开始进入小班，他们的思维处于具体形象思维的初级阶段，且有意注意持续时间较短，只能在较短的时间内做一件事情。在动作发展方面，大肌肉动作技巧获得了较大的发展，并开始初步运用小肌肉来完成简单的活动。在探究方面，他们对世界充满好奇，喜欢接触大自然，对周围的很多事物和现象感兴趣，愿意用多种感官探究室内外的材料。依据3—4岁幼儿的年龄发展特点，区域材料的特性表现在以下方面。

第一，材料的外形。3—4岁幼儿更容易关注体积较大、立体、形象的物品，因此区域活动材料在外形上要尽可能立体化、直观化，大小要适合3—4岁幼儿的取放及操作。例如，语言区的故事讲述《小鸡和小鸭》，教师可以将故事中角色的平面图片一张张地贴到小方盒上，幼儿在摆放时，卡片由原来的平铺形式变成立体形式，既能增加操作的趣味性，也能方便3—4岁幼儿的操作。

第二，材料的颜色。3—4岁幼儿的注意力容易被无关因素吸引，因此材料的颜色不宜太过鲜艳，种类也不宜太多，以免分散幼儿的注意力。材料的颜色种类应尽可能控制在3种以内。例如，在"用小花装饰文字"这份材料中，小花的颜色应控制在3种以内，否则幼儿会被小花的颜色吸引，反而会忽视文字的形状，从而使材料失去其真正的价值。

第三，材料的数量。3—4岁幼儿对物品量的理解大概在6个以内，因此材料数量应限定在3~6个。数量太多会超出幼儿的发展水平，且因操作时间过长而使幼儿无法坚持完成任务。材料的操作步骤相对比较简洁，便于这一年龄段的幼儿独自操作，并取得活动的成功。

第四，材料的差异性。材料的差异性包括材料的颜色、大小、形状等方面，对于3—4岁幼儿而言，材料的差异性越大，幼儿越容易进行比对、辨别、操作。例如，在感官区中的"俄罗斯套娃"这份材料中，原有的材料有10个小娃娃，为了让材料更适合3—4岁幼儿，教师可以选择最大、最小和一个中间的娃娃提供给3—4岁幼儿，使材料的大小差异明显，在数量上也符合3—4岁幼儿的操作特点。

（二）4—5岁幼儿的区域材料

4—5岁的幼儿开始进入中班，具体形象思维的灵活性和创造性得到了进一步发展，专注时间相对于小班幼儿有了明显的增加。在动作发展方面，他们能手眼协调地完成相对复杂的操作活动。他们在操作中能运用简单的工具和设备对事物或现象进行探究，并能对观察到的物品进行比较。

他们在人际交往和社会适应方面有了一定的发展，愿意与人交往，能够与同伴进行分工合作，遇到困难会寻求成人的协助。依据4—5岁幼儿的年龄发展特点，区域材料的特性表现在以下方面。

第一，材料的外形。由于4—5岁幼儿的精细动作得到了一定的发展，为其提供的材料的外形可多样化，除了传统的几何图形框，还可增加实物形状的外框。以教师提供的水果图片为例，为3—4岁幼儿提供的所有图片应以同一种长方形或正方形形式出现，而为4—5岁幼儿提供的图片，可以剪出水果的轮廓。在材料大小上，为4—5岁幼儿提供的材料也可略小于为3—4岁幼儿提供的材料。

第二，材料的颜色。4—5岁幼儿的有意注意有了进一步发展。在材料的颜色方面，可增加色彩的鲜明度及种类，这样做既可提高幼儿的辨别能力，也可相应地提高材料的难度。但对4—5岁幼儿而言，教师一定要做到既能让材料的颜色吸引幼儿的注意力，又避免干扰幼儿的操作。

第三，材料的数量。4—5岁幼儿的数概念有了进一步发展，因此材料数量可适当地增加，让幼儿在能力范围之内进行比较、排序与操作。4—5岁幼儿区域材料的数量并不是一成不变的，教师也应考虑材料内容的难易程度及本班幼儿的实际发展水平。

第四，材料的差异性。从材料的关系来看，由于4—5岁幼儿的观察能力有了一定的发展，在涉及比对、分类、排序等内容的操作时，材料的颜色、大小、形状等方面的差异可相对减小。

第五，材料的合作性。随着4—5岁幼儿社会性的发展，他们的合作、交流愿望有所增强。为满足4—5岁幼儿的发展需要，材料应该具有合作性，这种合作性包括幼儿之间的合作与区域之间的合作。

（三）5—6岁幼儿区域材料

5—6岁的幼儿开始出现简单的逻辑思维，但仍以具体形象思维为主，注意力品质有了很大的发展，克服困难、解决问题的能力也有所增强。在动作发展方面，5—6岁幼儿动作的协调性、灵敏性得到了很大的发展，能够对比较精细的材料进行操作。在科学探究方面，5—6岁幼儿能够运用较复杂的工具及综合感官收集信息，并能尝试对事物的现象提出自己的见解。同时，在社会性发展方面，5—6 岁幼儿愿意与同伴合作，在交往中能初步协商解决彼此之间的冲突。

第一，材料的外形。5—6 岁的幼儿已初步掌握了精细动作的技能，因此区域材料的外形可相对较小，比如生活区可使用针线、牙签等材料，数学区用来学习数概念的材料可由原来的积木转化为小珠子、小扣子等材料。外形较小的材料，一方面可以进一步促进 5—6 岁幼儿小肌肉的发展；另一方面，由于 5—6 岁幼儿活动内容、难度的增加，同一材料的子材料的数量、种类也相应增多，改用外形小的材料有利于节约空间。

第二，材料的颜色。5—6 岁幼儿辨别事物的能力有了进一步提升，同时也积累了更多的颜色认知经验。因此，相对于 4—5 岁幼儿的区域材料颜色而言，5—6 岁幼儿的区域材料颜色可增加更多的种类，并可适度降低色彩的差异性。

第三，材料的数量。随着 5—6 岁幼儿数概念的增强，幼儿操作过程中的专注力、持久性有了明显的提高。在 4—5 岁幼儿材料数量的基础上，5—6 岁幼儿的材料数量可适当增加，一方面能进一步加强幼儿的数概念；另一方面也能提升幼儿的学习品质，为 5—6 岁幼儿进入小学奠定良好的基础。

第四，材料的合作性。5—6 岁幼儿在区域活动中有了明显的群体合作欲望，因此 5—6 岁幼儿的区域材料应具有能吸引幼儿开展自发性合作的特点及情境特点，让幼儿在与材料及同伴的互动中解决问题、交流想法，并展现自己的能力。

第五，材料的结构化。随着年龄的增长，5—6 岁幼儿的自我意识也逐渐增强，他们更愿意操作动手动脑空间大的材料。而低结构化材料的特性满足了 5—6 岁幼儿的这种需求，可以让他们尝试以一种或多种方法来解决问题。

## 三、区域材料的设计原则与设计步骤

材料是区域活动的三大要素之一，也是教师研究的重点和难点。在区域环境创设过程中，教师必须设计适宜的区域材料，并将其投放到各区域中。区域材料的设计过程其实是将教育目标、教育内容及教师指导物化为材料的过程。教师必须认真思考、仔细揣测，才能将这些内容巧妙地融入材料中，具体从以下方面探讨。

（一）区域材料的设计原则

区域材料是区域环境的重要组成部分，要想最大限度地发挥区域材料的教育作用，教师在设计时就应遵循以下原则。

1. 安全性原则

安全是幼儿教育中最重要的一点，幼儿的身体组织比较柔嫩，发育不够完善，身体易受损伤，易感染各种疾病。教师在设计区域材料时，首先要考虑的就是安全性原则。教师在设计区域材料时应从以下3个方面消除安全隐患。

（1）在设计材料时排除可能给幼儿造成伤害的因素。教师在设计材料时如果真正能以幼儿的活动特点为依据，就可以避免一些误伤。容易造成幼儿伤害的因素包括：有的材料较尖锐，会刺伤、划伤幼儿的肌肤，比如有的木制材料会有小刺，买回来后需要进行打磨加工；有的过塑材料的边角很容易刮伤幼儿，教师在投放前一定要将边框剪平整，角要修成圆弧形；有的材料的色彩会刺激幼儿的眼睛；有的材料的间隙会夹伤幼儿的手指等。

（2）在选择材料时回避可能造成幼儿疾病的物品。目前很多教师在设计区域材料时，会选择一些玩具，通过加工赋予它们教育意义后投入区域中。在选择这一类材料时，教师一定要考虑其危险物含量是否符合国家标准，以免危险物含量过高导致幼儿患病。区域材料是每天每个幼儿都要操作的，一般情况下应定期进行消毒。利用废旧物品制作材料的幼儿园，在选择废旧物品时应选择能按卫生标准严格消毒的材料，如在挑选食物包装盒时，就应选择塑料的，少选择铁和纸质的，铁制品和纸制品用消毒水经常擦洗容易生锈和损坏。

（3）在投放材料时对有潜在危险的物品标明警示标志。有的材料中隐藏的危险是幼儿在成长过程中必须面对的，如果幼儿在操作时方法正确、小心使用，就可将危险系数降到最低，如剪刀、铅笔、水果刀等。教师在投放前要做好两点：一是在材料上做好统一的、明显的警示标志；二是活动前除引导幼儿掌握这些材料的正确使用方法外，还要培养幼儿看到警示标志产生警觉的习惯。这样每次幼儿在遇到这些材料时，就会小心地按照正确方法进行操作。

2. 适时性原则

适时性原则是区域活动中至关重要的一个原则。区域活动旨在促进幼儿按照不同的速度发展，因此在投放区域材料时，教师必须考虑每个幼儿的个体需要。一旦发现某个幼儿在某个区域材料下的发展受到了限制，教师就应该立即根据维果茨基的"最近发展区"理论，针对该幼儿的需求进行及时的调整和投放，而不是等到大多数幼儿都有了相同需求再提供材料，这样做将违背区域活动个别教育的原则。维果茨基提出的"最近发展区"概念强调个体发展水平和潜在发展水平之间的差距，也就是幼儿能够在有成人指导的情况下完成任务。因此，教师在区域活动中应该关注每个幼儿的最近发展区，及时提供具有挑战性、能够促进幼儿发展的材料。如果教师错过了提供适时的挑战，幼儿将无法充分发挥潜在能力，可能导致学习兴趣的丧失和倦怠感的产生。

适时性原则的实施需要教师具备丰富的教育经验和对幼儿发展的深刻理解。教师应该不断地观察、记录和评估幼儿的表现，以便及时发现他们的需要和兴趣。同时，教师还需要与幼儿保持密切的互动，了解他们的想法和意见，以便更好地满足他们的需求。由此可见，在营造一个富有挑战性和激励性的区域环境方面，教师发挥着至关重要的作用。只有通过适时提供具有挑战性的材料，教师才能真正实现区域活动个别教育的目标，激发幼儿的学习兴趣，培养其主动学习的能力，促进其全面发展。

3. 生活性原则

在设计区域材料时，必须考虑材料与幼儿生活的贴近性。材料应尽可能地反映幼儿在日常生活中所接触到的事物，以便让他们能够直观地理解材料的内容，从中获得相关的经验。这样的设计有助于拓宽幼儿的生活经验和视野。例如，在社会区设置的活动材料中，常见的电话就是一个很好的例子。通过了解电话的使用方法，不仅能够帮助幼儿学习生活常识，还能够培养幼儿解决日常问题的能力。

生活性原则的核心在于使材料与幼儿的生活紧密相连。这样的设计不仅能提高幼儿的学习效果，还能激发他们的学习兴趣。因此，在设计区域材料时，需要以幼儿的生活经验为基础，选择他们熟悉的内容，让他们能够在探索中获得愉悦和成长。

4. 情境性原则

幼儿的生活充满了童话般的情境，情境化的材料更容易吸引他们，并激发他们探索的兴趣。在设计活动区的材料时，要深入了解幼儿的求知特点，尽可能地将材料内容情境化。尽管目前一般的区域材料都能够做到直观化和形象化，但如果能够赋予材料一定的情绪色彩，并加入适当的场景，就能更好地激发幼儿对材料的探索兴趣。

情境性原则的关键在于让材料具有生动的情境，以吸引幼儿的注意力和参与度。例如，在生活区的材料设计中，使用小勺可以设计成给小动物喂食物的情景，这样的情境化设计能够使幼儿更愿意去操作这些活动材料。

情境性原则的实施需要教师对幼儿的心理和认知发展有深入的了解，从而根据他们的兴趣和特点来设计材料。这种设计不仅能够提高幼儿的参与度，还能促进他们的想象力和创造力的发展。

5. 和谐性原则

每个幼儿内心都有一颗追求美的种子，教师在设计区域材料时应该从美的角度出发，利用材料中的美来激发幼儿操作材料的欲望。在设计材料时，首先，教师要分析材料内容，选择与内容匹配的载体来表现内容。其次，一份完整的区域材料是由许多部分组成的，如盘子、画面、盒子、文字等，在选择这些物品时教师要从大小、颜色等方面进行综合考虑，使所有的物品组成一份完整材料时整体和谐、美观。

和谐性原则的核心在于让材料在视觉上和感官上都能够呈现出统一、和谐的美感。因此，在设计材料时，需要注重材料之间的配合和整体的统一性，使之构成一个美观且和谐的整体。例如，在设计科学区的材料时，比如"水果蔬菜分类"，教师可以根据材料内容选择水果底板和蔬菜底板，这样可以使整份材料从内容到操作载体都达到和谐完美。

和谐性原则的实施需要教师具备审美意识和设计能力，以便能够根据幼儿的特点和需求来进行材料设计。这样的设计不仅可以提升幼儿的审美能力，还能够培养他们的整体观念和团队协作能力。

6. 方便性原则

由于幼儿园的日常工作非常繁忙，因此在选择组成材料的物品时，教师应该本着方便、就近的原则，从周围的环境中选择适宜的物品来设计材料。这样不仅可以节约人力、物力和财力，还可以培养幼儿珍视身边物品、利用身边物品的良好习惯。

方便性原则的核心在于使材料的制作和使用都更加便捷和高效。因此，在设计材料时，需要注重材料的可获得性和易操作性。例如，在幼儿园内，教师可以让幼儿收集每次手工活动后的边角余料，并进行设计与再利用；在幼儿园外，教师也可以引导幼儿与家长一起收集身边的各种废旧物品，比如包装盒、纽扣、碎布、各种形状的瓶子等。

方便性原则的实施需要教师具备良好的资源整合和创造能力，以便能够根据周围环境和实际情况进行材料设计。这样的设计不仅可以提高工作效率，还可以培养幼儿的环保意识和动手能力。

（二）区域材料的设计步骤

一份看似简单的材料，其实有着丰富的内涵。教师只有通过精细构思，遵循合理的设计步骤，才有可能设计出符合幼儿发展需求的材料。下面将探讨解读材料设计的基本步骤。

1. 材料目标

区域材料是教育目标的载体，而教育目标是通过每份材料的目标来逐一实现的。材料目标对材料设计具有指引性，是设计的第一步，因而教师在设计时必须先明确材料目标，这样才有可能构思下一步的步骤。《纲要》明确提出，不仅要关注幼儿的知识和技能的发展，同时也要注重幼儿情感和能力的获得。因此，在区域材料的设计过程中，教师应把幼儿情感、知识及能力的发展铭记于心，并将其内化在材料中。需要注意的是，由于各区域及材料自身的特点，并不是每个区域及每份材料都能促进幼儿的情感、能力与知识全面均衡地发展，而是各有侧重。同时，幼儿个性化的全面发展也不能在短时间内实现，而是一个持续的过程。因此，教师应从整体区域活动中及相对较长的时间内来把握幼儿的情感、知识和能力的全面均衡发展。

2. 材料解读

所谓材料解读，是指教师在设计材料时应思考围绕活动目标与内容选择最佳的原料，设计出最适宜幼儿操作的材料。材料解读主要包括材料选择的原则、材料设计的目的、材料开发时的注意事项及材料的引导性等方面。材料解读既可以为设计者提供反思的空间，使其做到设计过程中的举一反三，也有助于其他教师了解材料设计背后的原因，为材料的再次设计与创新提供基础。

3. 材料构成

材料构成也就是这份材料所包含的子材料。它是材料设计的基本要素，也是材料的物质载体。从操作层面上来看，可将子材料分成两种类型：一种是幼儿在操作过程中使用到的主要子材料，这是关键材料，幼儿只有通过操作这些关键材料才能获得相关经验的发展；另一种是幼儿在操作过程中使用到的辅助材料，主要是起到辅助与协助的作用，如盛放材料的托盘、小盒子等。

4. 操作步骤

幼儿是在操作材料的过程中获得个性化发展的，而幼儿的操作需要在具体的操作步骤指引下完成。教师在确定材料的目标、解读及构成后，需要进一步思考如何设计出合适的操作步骤，以引导幼儿更好地探究。由于每份材料的教育目标和设计方式不同，操作步骤也会有所不同。对于一些高结构化的材料，材料需要实现的教育目标也相对比较具体，因而操作步骤可能相对比较固定；而对于一些低结构化的材料，教育目标具有极大的生成性，因而操作步骤不固定，相对比较灵活。由于材料具有引导性的特征，因此操作时需要遵循一定的规则。教师在设计过程中，应依据材料的特性及幼儿的操作特点设计合理的操作步骤，切忌过于强调操作的指引性而忽视了幼儿的自主性发展。

5. 错误控制

所谓错误控制，是指教师在材料设计过程中，通过各种巧妙的方式，将能够引导幼儿独立操作的提示物投放到材料之中，从而让幼儿在操作过程中自觉发现并纠正错误。

通过对错误控制的设计，一方面可以解放教师对每一份材料的教育指导，减轻教师的指导压力；另一方面也可以培养幼儿观察、推理及独立操作的能力。例如，"好看的房子"这份材料的操作提示是"房子、字卡、水果颜色一致"，幼儿在操作结束后，可通过观察三者颜色的一致性来检查自己的操作是否正确。

6. 注意事项

教师在完成对材料基本的设计之后，必须进一步思考幼儿在操作过程中可能面临的困难及教师在指导过程中应注意的问题，这就是材料的注意事项。注意事项有别于操作提示，操作提示一定要能够引导幼儿独立操作，而注意事项则需要幼儿自己加以注意或通过教师提醒来引起幼儿的注意。同时，注意事项又有别于材料解读。材料解读主要从材料本身的角度进行，而注意事项主要从幼儿操作及教师指导的角度出发。在材料设计中，对注意事项的设计要充分考虑幼儿及教师可能会面临的问题，从而能够让幼儿有准备地操作及教师有针对性地指导。

7. 变化延伸

在完成材料的设计之后，教师必须思考在这份材料的基础上如何再设计和创新，也就是思考材料的变化延伸。所谓变化延伸，是指教师在设计材料的过程中，从材料的系统性来考虑本材料的可拓展性，也就是考虑如何将本材料从不同的角度进行变化与延伸。区域材料具有层次性与丰富性的特点，而材料的变化延伸是实现材料层次性和丰富性的主要途径之一。教师在材料设计过程中可从三个方面进行：一是从增加难度的角度进行变化延伸，可以通过增加内容来增加难度，也可以通过增加材料数量来增加难度；二是从操作方式的角度进行变化延伸，可以通过调整材料操作形式，如增加操作步骤或者改变操作方式来增加难度；三是直接更换相关材料内容，但更换的内容仍与原材料存在相关性。

区域是相互联系的，同时各区域的材料也是可以相互对话的。每一份材料以个体的形式单独存在于各区域中，同时也是以系统的形式存在于单元材料中。因而，教师在设计材料时，除了应考虑每份材料的基本设计步骤，还应考虑每份材料的单元设计背景，从全局的视角进行设计。所谓单元设计背景，也就是解读这个单元所包含的所有材料的共同教育目标、材料共同特点及设计意图。具体而言，首先是了解前一单元的材料特点及幼儿在前一单元的操作情况与发展水平；其次是依据了解的内容，阐述本单元所有材料的整体教育目标；最后，简单描述通过何种性质的材料及何种内容的材料来实现教育目标。也就是说，单元设计背景解读应该包括对前单元的分析及阐述本单元的教育目标和教育内容。

## 四、区域材料的审思与调整

材料是区域环境的三大关键要素之一，也是区域活动最重要的物质基础。教师应根据材料的特性、设计原则及幼儿的发展需要，有目的、有计划地投放适宜的材料。在开展区域活动的过程中，材料投放之后并不是一成不变的，由于各种原因，曾经适宜的材料会失去其原有的价值。要想使幼儿在区域活动中获得持续性的发展，就需要指导教师及时调整材料，以满足幼儿新的需求。

### （一）调整的原因

幼儿是在与材料的互动中获得身心发展的，因而材料的特点与性质直接影响着幼儿参与的兴趣和主动性。但由于幼儿的发展是动态变化的，幼儿的需求也具有即时生成性特点，同时就材料本身而言，有些材料因幼儿的不断操作而失去了它原有的吸引力，或者教师在观察中发现了材料设计中的不足，所以材料的投放不是一成不变的，教师需要依据不同的情况及时地调整材料。

#### 1. 幼儿发展水平的变化

幼儿发展水平的变化主要体现在两个层面：一是班级幼儿整体的发展水平发生了变化，二是个别幼儿的发展水平发生了变化。因此，在材料调整过程中，教师也要依据这两个方面的内容调整材料。

（1）班级幼儿整体的发展水平发生了变化。简单的低于幼儿发展水平的材料会使幼儿失去操作兴趣，不利于幼儿挑战新的活动。超过幼儿发展水平的材料又会使幼儿操作受挫，无助于幼儿的进一步发展。正如维果茨基所提出的，应该让幼儿在"最近发展区"中学习。幼儿的发展是一个持续、渐进的过程。幼儿在不同的年龄阶段呈现出不同的发展特点。特别是当幼儿经历过较长时间的寒暑假时，大多数幼儿的发展水平都有一定程度的提升。因此，教师在每次学期转变阶段，都应依据班级幼儿整体发展水平的变化及时地调整材料。例如，进入中班后，班级幼儿的生活处理能力有了较大的发展，认知有了较大的发展，针对这一情况，教师应在区域活动中整体减少生活区、感官区的材料，而适当地增加语言、数学等知识区域的材料数量份额，以使材料适应班级幼儿整体的发展水平。

（2）个别幼儿的发展水平发生了变化。教师要依据每个幼儿的发展水平调整材料，切忌在调整过程中"一刀切"。例如，生活区中的"五指抓核桃"适用于小班上学期，但对于某些发展比较缓慢的幼儿而言，在小班下学期也是适合的，因此教师在调整材料时，应减少这类材料的数量，但并不是取消所有类似的材料，以满足个别幼儿的发展需求。

2. 幼儿产生了新的需求

随着幼儿的知识、能力等的不断发展，幼儿在区域活动中会产生不同的新需求。而幼儿思维的随机性和灵活性特点，也会使他们产生探索周围世界的新需求。这种新的发展需求主要表现在两个层面上。

（1）班级产生了集体性需求。所谓集体性需求，是指班级的大多数幼儿都产生了这种需求。例如，在春天，很多幼儿对蝌蚪的生长变化产生了浓厚的兴趣，希望能够更多地了解这方面的知识。教师依据幼儿的这种集体性需求，可在不同的区域投放相关的材料。又如，在生态区投放"照顾小蝌蚪"的材料，在科学区投放"小蝌蚪的成长"材料，在艺术区投放"画出小蝌蚪每天的变化"等材料，以满足幼儿的集体性需求。

（2）幼儿产生了个性化需求。所谓个性化需求，是指班级中的少数或个别幼儿因某种原因而产生了新的需求。针对这种情况，教师可在特别研究区投放数量较少的材料来满足这部分幼儿的需求。例如，某幼儿的父母给他买了一台电动玩具车，这名幼儿在玩耍过程中，开始对车中的电池产生了兴趣。针对这个幼儿的需求，教师可在科学区投放"组装电路板"小实验的材料。可见，当幼儿出现了新的需求时，教师为其进行的材料调整是对幼儿需求行为的肯定及鼓励，更是尊重幼儿的表现，同时也推动着幼儿的发展。

### 3. 幼儿兴趣点的改变

教师对幼儿操作材料的情况进行细致的观察与分析是调整材料的前提，而幼儿的活动兴趣是教师应首先关心的要素。幼儿对区域活动的兴趣有两方面的表现。一是存在区域特性的兴趣，其具体表现为：在区域活动中，幼儿对某个区域的材料特别感兴趣，都喜欢选择这个区域的材料，而某些区域却无人踏足。二是存在材料特点的兴趣，当某份材料刚投放到区域中时，很多幼儿争先恐后地操作这份材料，随着时间的推移，这份材料变得无人问津，失去了它最初的吸引力。针对以上两方面幼儿的兴趣点，教师应根据不同原因采取不同的策略。依据幼儿兴趣点的区域特性，教师应该反思该区域的设置是否合理及区域整体材料的投放是否合理。教师要根据幼儿对某份材料的兴趣特点，及时反思这份材料在形式上是否失去了它的新颖性，在内容上是否失去了挑战性，在操作方式上是否缺少了可变化性。此时，教师要依据观察所得，从不同角度调整材料，提升材料的吸引力。

### 4. 材料设计中的不足

教师是通过投放区域材料来将教育目标隐含在区域材料的构思中的。幼儿是通过与材料的互动来实现自身发展的，因此对于每份材料的投放都需要教师认真地构思和设计。虽然教师会依据幼儿现有的发展水平设计材料，但仍无法预测到幼儿实际操作时发生的情况。当材料进入区域作用于幼儿时，教师如果发现自己精心设计的材料与幼儿的实际发展有偏差，这时教师就需要认真考虑材料的构思，在原有基础上完善材料的设计，对材料进行进一步调整。

此外，由于操作次数过多而导致材料有所损坏，或者在最初设计时由于原材料的限制，制作得不够精美，这都需要教师在以后的活动过程中不断地进行调整。

5. 新主题的产生

集体教学活动与区域个别探究活动是我国最常见的两种课程模式。目前，幼儿园的主题活动教学多以集体活动形式为主。在这种课程背景下，区域材料的调整一定要紧密地联系主题活动。尤其是班级在开展新的主题活动时，区域活动的材料应密切地随着主题活动变化及幼儿的特别需求进行调整。这样才能使幼儿更积极地参与区域活动，主动获取与主题相关的知识经验，使区域活动随着主题不断向前推进。例如，在开展"我运动、我健康、我快乐"这一主题活动时，幼儿可能会对各种运动器械和运动员表现出浓厚的兴趣，这时教师就可以在美工区生成"运动中的人物"这一主题，由教师和幼儿共同搜集各种各样的运动器械，观看运动赛事，以此来激发幼儿的兴趣，满足幼儿的需要。

## （二）调整的策略

针对不同的区域材料调整的原因，教师应该采取不同的区域材料调整策略。本书主要从区域调整的时机来讨论调整的策略，依据不同时机，主要分为三种策略：随机性个别调整、季节性局部调整、阶段性分批调整。

1. 随机性个别调整

所谓随机性个别调整，是指教师主要根据个别幼儿的发展需求及个别材料的情况进行随机调整。在随机性个别调整中，教师首先要利用观察找到调整的原因，比如个别幼儿的发展水平发生了变化、个别幼儿产生了新的需求、个别材料失去了吸引力、个别材料设计中的不足等原因，再采用此方法。其次要根据找到的原因进行个性化材料规划，开发设计出适宜的材料进行投放。例如，虽然某一幼儿处在小班阶段，但其数概念发展得特别好，能够理解并掌握8以内的数概念，而现有的材料已无法满足他的发展需求，教师可相应地调整个别材料，既可以在材料数量上增加到8个左右，也可以在材料内容上为他特别设计促进他的数概念进一步发展的材料。在日常开展的区域活动中，教师需要时时检查，及时进行查漏补缺等调整工作，如随时补齐铅笔、纸张等学习用品，及时检查物品安全卫生等。

2. 季节性局部调整

所谓季节性局部调整，是指教师根据季节的变化及季节性主题活动的开展，相应地调整区域材料。在区域材料调整中，教师应根据每个季节的特点，有针对性地对材料进行反思：班级幼儿可能会因为这种季节的变化而产生哪些集体性的新需求。针对这种情况，教师可相应地投放一些季节性的材料。例如，春季是万物复苏的季节，也正是各种各样的花开放的季节，教师可结合季节在艺术区创设"大自然的奏鸣曲"的材料，主要目的是让幼儿在区域活动中练习制作花和蜗牛，掌握剪刀的使用方法及双手搓的协调能力。

很多幼儿园会依据季节开展相应的主题活动，而教师也应根据这种季节性主题活动增添部分主题性区域材料。例如，幼儿园根据季节更替开展了主题活动"冬季运动会"，结合这个主题，教师可在艺术区投放与主题相关的材料，鼓励幼儿自由地创造，促进幼儿想象力和创造力的发展。

3. 阶段性分批调整

所谓阶段性分批调整，是指教师根据班级多数幼儿的发展变化，对局部材料及区域设置在某个阶段进行分批的调整。当班级幼儿的整体发展水平发生了变化，或班级产生了新的主题时，都可以采用阶段性分批调整。例如，在第一学期末至第二学期初的衔接阶段，班级的区域及材料一般要进行较大的调整。调整内容包括两方面。一方面是区域设置的调整。例如，由小班升到中班时，可适当减少生活区、感官区、艺术区等区域的材料，同时可适当增加语言区、文化区、科学区等区域的材料。另一方面是区域材料的调整，主要是增加材料的难度及丰富性。例如，在小班阶段，教师在生活区投放的材料应主要用于培养幼儿的自我服务能力；在中班阶段，教师应以培养幼儿为他人服务的能力为主；在大班阶段，教师应围绕幼小衔接，多开展食品区烹饪活动，丰富幼儿的生活经验。

以上阐述的三种区域材料调整方法，不仅仅是平行运行的，更多的时候是交叉运行的。在实践区域活动中，教师需要综合灵活地运用各种方法。例如，在每学期初的材料调整中，就需要运用上述三种方法。因为，每学期开始，教师要依据幼儿的整体发展变化采用阶段性分批调整的方式满足幼儿的发展需求。同时，学期开始，也常常是季节交替阶段，教师也应采用季节性局部调整的方式投放相应的材料。而在这个过程中，教师通过观察个别幼儿及材料的互动随机性地调整个别材料。教师通过灵活运用三种调整策略，既能满足幼儿的发展需求，又能进一步丰富与完善区域材料。材料调整的关键在于教师认真观察幼儿与材料的互动，并依据观察结果采用适宜的策略合理地调整区域材料。

## 第三节　幼儿园区域活动环境创设的策略

### 一、创设多样性区域环境，助力幼儿的多元智能发展

"创设多样性的区域环境对幼儿的成长和发展至关重要，可以激发幼儿的好奇心和探索欲，提升他们的创造力和想象力，增强幼儿对世界的认知"[1]。因此，创设一个充满多样性的区域环境对于激发幼儿的潜能、促进其多元智能的发展具有重要意义。

第一，多样性的区域环境能够满足幼儿在不同发展阶段的需求。幼儿在成长过程中会经历不同的敏感期，对不同事物产生兴趣。例如，某些孩子可能对音乐特别敏感，而另一些孩子则可能对色彩和形状表现出浓厚的兴趣。通过在教育环境中引入各种元素，如乐器、绘画材料、构建玩具等，教师可以为幼儿提供探索自己兴趣的机会，同时培养他们对不同领域的基本认知和技能。

第二，多样性的区域环境有助于培养幼儿的创造力和想象力。当幼儿置身于一个充满各种刺激的环境中时，他们更有可能进行自由探索和实验。例如，通过提供各种艺术和手工材料，幼儿可以创造出独特的艺术作品，这不仅可以锻炼他们的动手能力，也可以激发他们的创新思维。此外，通过角色扮演游戏，幼儿可以模拟不同的社会角色，这有助于他们理解社会关系，发展社交技能。

第三，多样性的区域环境可以增强幼儿的自信心和探索精神。当幼儿

①吴赛炼. 幼儿园区域活动环境创设的创新策略［J］. 第二课堂（D），2023，（7）：65.

在一个支持性的环境中尝试新事物并取得成功时，他们的自信心会得到增强。这种自信是幼儿继续探索未知、克服挑战的重要动力。例如，通过提供不同难度的拼图和益智玩具，幼儿可以在成功解决一个问题后获得成就感，从而激励他们继续探索更复杂的挑战。

第四，多样性的区域环境还应包括丰富的文化元素。在全球化的背景下，幼儿需要从小接触和理解不同的文化背景，这有助于他们建立开放的心态和培养文化敏感性。教师可以通过展示来自世界各地的音乐、艺术作品、传统服饰等，让幼儿在日常生活中自然地接触多元文化，从而培养他们的全球视野。

第五，创设多样性的区域环境需要教师具备高度的专业性和敏感性。教师需要不断学习和更新自己的知识，以便更好地理解和回应幼儿的需求。同时，教师还需要与家长和其他教育工作者合作，共同创造一个支持幼儿发展的教育环境。

## 二、创设趣味性区域环境，让幼儿园生活充满乐趣

幼儿园作为幼儿成长的重要场所，其环境的创设对于激发幼儿的学习兴趣、培养他们的探索精神和创造力具有至关重要的作用。

第一，趣味性的区域环境可以激发幼儿的好奇心和探索欲。幼儿天生对未知世界充满好奇，通过创设一个充满趣味性的环境，可以吸引幼儿主动参与到各种活动中来。例如，教师可以设计一个"科学实验室"区域，提供各种科学实验材料，让幼儿在动手操作中学习科学知识。这样的环境不仅能够满足幼儿的好奇心，还能培养他们的观察力、思考力和解决问题的能力。

第二，趣味性的区域环境有助于培养幼儿的创造力和想象力。在幼儿园中，教师可以通过设置各种有趣的游戏挑战，如制作气球火箭、纸飞机等，让幼儿在游戏中体验科学的奥秘和乐趣。这种寓教于乐的方式能够激发幼儿的创造力和想象力，让他们在玩耍中学习，在学习中成长。此外，教师还可以引导幼儿进行角色扮演游戏，如模拟医生、消防员等职业，这不仅能够丰富幼儿的社会经验，还能够培养他们的同理心和责任感。

第三，趣味性的区域环境可以增强幼儿的自信心和社交能力。在充满乐趣的环境中，幼儿更愿意尝试新事物，挑战自我。当他们在游戏中取得成功时，会获得成就感和自信心。同时，通过与同伴的互动和合作，幼儿可以学习如何与人沟通、协商和解决冲突，这些都是幼儿社交能力的重要组成部分。

第四，趣味性的区域环境还应该包含丰富的文化元素。教师可以通过展示不同国家和民族的文化特色，如音乐、舞蹈、服饰等，让幼儿在日常生活中自然地接触多元文化，从而培养他们的文化敏感性和全球视野。这种跨文化的教育方式不仅能够丰富幼儿的知识背景，还能够培养他们的社会适应能力。

第五，创设趣味性的区域环境需要教师具备高度的专业性和创新性。教师需要根据幼儿的年龄特点和兴趣，设计适合他们的活动内容和形式。同时，教师还需要不断更新自己的教育理念，学习新的教育方法，以适应幼儿不断变化的学习需求。此外，教师还需要与家长和其他教育工作者保持良好的沟通和合作，共同为幼儿创造一个充满乐趣和挑战的学习环境。

## 三、创设开放性区域环境，营造自由的幼儿成长环境

在幼儿教育领域，创设开放性区域环境是促进幼儿自由成长的重要策略。开放性区域环境的设计旨在提供一个无限制、充满可能性的空间，让幼儿能够根据自己的兴趣和需求进行探索和学习。这种环境的营造对于幼儿的身心发展具有深远的影响，它不仅能够激发幼儿的创造力和想象力，还能够培养他们的自主性、社交能力和解决问题的能力。

（一）开放性区域环境的设计原则

开放性区域环境的设计原则旨在创造一个适合幼儿自主活动，充满多样化、互动性、安全性和教育性的环境。这些原则旨在提供一个可以激发幼儿好奇心和创造力、促进他们发展的场所。

第一，自主性。开放性区域环境应该允许幼儿根据自己的意愿选择活动，而不是受到成人预设活动内容的限制。这种自主选择的过程对幼儿的发展至关重要。通过自主选择活动，幼儿能够发现自己的兴趣和能力，从

而增强自信心和自我效能感。例如，一个拥有自主性的开放性区域环境可能提供了各种各样的游戏、玩具和材料，让幼儿根据自己的兴趣和需求进行选择和探索。

第二，多样性。开放性区域环境应该包含多种材料和活动，以满足不同幼儿的需求。多样性不仅体现在材料的种类上，还体现在活动的性质上。这样的多样性可以激发幼儿的好奇心，鼓励他们探索世界。例如，一个富有多样性的开放性区域环境可能包括美术区、建构区、图书角、户外探索区等，每个区域都提供不同类型的活动和材料，以满足幼儿的各种需求和兴趣。

第三，互动性。开放性区域环境应该鼓励幼儿之间的互动，包括同伴间的合作与交流，以及幼儿与环境的互动。通过与他人和环境的互动，幼儿能够学习社交技能，如与他人合作、分享和协商。一个充满互动性的开放性区域环境可能包括各种社交性活动，如角色扮演、小组游戏等，以及提供各种互动机会的材料和设备。

第四，安全性。尽管开放性区域环境是开放的，但安全性是设计开放性区域环境时必须考虑的重要因素。所有的材料和设备都应确保幼儿在使用过程中的安全。这包括对环境进行安全评估，以确保没有尖锐的边角、易碎的物品或其他可能对幼儿造成伤害的因素。此外，成人应该在环境中提供适当的监督和指导，以确保幼儿在活动中保持安全。

第五，教育性。开放性区域环境设计应与教育目标相结合，通过环境设计促进幼儿在各个领域的学习和发展。这意味着环境应该为幼儿提供丰富的学习机会，包括认知、语言、社交、情感和身体发展等方面。例如，在一个教育性的开放性区域环境中，可能有一些设计精心的游戏和活动，旨在促进幼儿的数学概念、语言发展、解决问题的能力等。同时，开放性区域环境中的布局和材料的选择应该有助于引导幼儿自主学习和探索。

（二）开放性区域环境的实践应用

第一，绘画与创作区：在绘画区，教师可以提供纸张、布料、木头等多种材质的绘画媒介，以及水彩、油画棒、手指画等多种颜料和工具。幼儿可以自由选择媒介和颜料，进行个性化的创作。

第二，探索与挑战区：在角落区域，教师可以设置可变的障碍和挑战性的游戏设备，如球池、爬架、滑梯等。这些设备不仅能够激发幼儿的好奇心，还能够促进他们的身体发展。

第三，角色扮演区：通过设置模拟厨房、医院、商店等角色扮演场景，幼儿可以自由扮演不同的角色，通过模仿和想象来理解社会角色和规则。

第四，科学探索区：提供各种科学实验工具和材料，如放大镜、显微镜、各种自然物品等，让幼儿在探索中学习科学原理。

第五，阅读区：设置舒适的阅读角落，提供丰富多样的图书，鼓励幼儿自由阅读，培养他们的阅读兴趣和习惯。

（三）开放性区域环境的教育价值

第一，促进自主学习：开放性区域环境鼓励幼儿根据自己的兴趣进行学习，这种自主学习的过程有助于培养幼儿的终身学习能力。

第二，培养创新思维：在没有固定模式的环境中，幼儿可以自由探索和实验，这种自由探索的过程有助于培养幼儿的创新思维。

第三，增强社交技能：在开放性区域环境中，幼儿需要与同伴交流和合作，这有助于他们学习如何与人相处，培养社交技能。

第四，提升解决问题的能力：面对挑战和障碍，幼儿需要动脑筋思考解决方案，这一过程能够提升他们的解决问题能力。

第五，支持全面发展：开放性区域环境支持幼儿在多个领域的学习和发展，包括身体、认知、情感、社交等。

（四）创设开放性区域环境的挑战与对策

第一，安全问题：在开放性环境中，安全是首要考虑的问题。教师需要定期检查设备和材料的安全性，确保幼儿在使用过程中不会受到伤害。

第二，教师角色的转变：在开放性区域环境中，教师的角色从传统的知识传授者转变为学习过程的引导者和支持者。教师需要更新自己的教育理念，学习如何引导幼儿进行自主学习。

第三，家长的理解和支持：家长可能对开放性区域环境的教育价值缺乏理解，担心孩子在这种环境中学不到知识。教师需要与家长进行沟通，解释开放性区域环境的教育意义，争取获得家长的理解和支持。

第四，资源的投入：创设开放性区域环境需要投入一定的资源，包括材料、设备和教师培训等。幼儿园需要合理规划和使用资源，确保环境的质量和教育的有效性。

## 第四节　幼儿园区域活动与环境创设的实践

"随着社会的高速发展，学前教育已成为人们关注的重点。在学前教育阶段，幼儿园是幼儿学习的主要场所，教师需要教给幼儿的并非知识性内容，而是良好的行为习惯与意志品质，帮助幼儿形成正确的三观"①。区域活动中，教师不仅能够让幼儿学到更专业的内容，而且能够促使幼儿在区域活动中形成良好的品质。为此，幼儿园应该重视区域活动的开展与创设，为幼儿的发展奠定坚实的基础。基于此，以下从提升幼儿园区域活动与环境创设质量的有效策略角度进行分析。

### 一、依据幼儿兴趣点，选择区域活动的类型

在幼儿园开展区域活动能够促使幼儿得到发展，这是毋庸置疑的，但是选择区域活动的类型也是非常重要的。幼儿不同于其他阶段的儿童，他们对学习是无意识的，进入幼儿园也只是应父母的要求，此时幼儿的身心仍处于初步发展阶段，身体素质有待提升，思维不可逆等。这些身心发展的局限性使应用在小学阶段的教学方法并不适用于幼儿教育中，此时，对于幼儿最具吸引力的学习内容就是幼儿感兴趣的内容。因此，要想让幼儿能够积极主动地参与到区域活动中，幼儿教师在创设区域活动时就要充分结合幼儿的兴趣点，创设幼儿喜欢的活动类型，促使幼儿积极主动地参与到区域活动中。这样，教师在区域活动中渗透教学内容，才会更直接地被幼儿所接受，区域活动教学效果才会更佳。教师可以围绕幼儿喜欢的游戏设计区域活动，对于幼儿而言，游戏的魅力是非常大的，且根据《纲要》

---

① 闵毛毛. 幼儿园区域活动与环境创设的实践与研究［J］. 天津教育，2021，（27）：119-120.

中对幼儿发展提出的要求，幼儿需要进行充足的户外运动，结合这两点，教师可以设计一些户外区域游戏活动。例如，教师可以利用幼儿感兴趣的动画片，如《熊出没》，将幼儿分成不同的小组，以角色扮演的方式让幼儿分别扮演熊大、熊二和光头强，然后开展追逐游戏。在此过程中，教师也可以不断地强调光头强会被追赶是因为其砍树的行为，使幼儿了解到随意砍树是不正确的，在培养幼儿环保意识的同时也能够培养幼儿强健的体魄，满足《纲要》中要求的身体健康这一要求。

## 二、运用园内空间，准备充足的活动区域

园内空间的充分利用对于提供富有成效的活动场所至关重要。以下探讨如何在园内设计中合理利用空间，提供充足的活动区域，以促进人们的活动、社交和学习。

第一，园内空间规划的重要性。园内空间规划的重要性在于它直接关系到园区内的活动效率和社区的活跃程度。充足的活动区域可以提供各种社交、娱乐和学习活动所需的场地，从而满足不同人群的需求。同时，科学合理的空间规划也可以提高园区的可持续性，优化资源利用，最大限度地满足社会公众的需求。

第二，园内空间的合理分配。首先，园内空间的合理分配应充分考虑活动场地的多功能性。多功能性活动区域能够在不同时间、不同人群的需求之间进行转换，从而实现资源的最大化利用。例如，一块空地可以在白天用作休闲活动区域，晚上则可以变身为露天影院或举办文化活动的场所。这样的设计不仅可以提高空间利用率，还可以丰富园区的活动内容，满足社区居民的多样化需求。其次，园内空间的合理分配还应考虑到绿地与硬质空间的平衡。绿地是城市园区的重要组成部分，不仅可以为人们提供休憩、放松的场所，还可以改善园区的生态环境。但是，在园区规划中过多的绿地可能导致活动场所不足，影响园区的活跃程度。因此，在规划过程中需要合理安排绿地与硬质空间的比例，确保既有足够的绿地保持园区的生态平衡，又有足够的硬质空间提供各类活动所需的场地。最后，活动区域的集中与分散也是园内空间规划需要考虑的重要因素。过于集中的

活动区域可能导致场地拥挤，影响活动的舒适性和安全性；而过于分散的活动区域又可能使得活动参与者不易找到合适的场所，影响园区的整体活跃程度。因此，在规划过程中需要在不同区域合理分布活动区域，既保证活动场地的充足性，又避免场地之间的交通干扰。

## 三、科学选择区域活动，合理选择投放材料

在幼儿园教育中，科学选择区域活动并合理投放材料是提升教育质量的关键环节。区域活动不仅能够激发幼儿的好奇心和探索欲，还能够促进幼儿的社交能力、动手能力和创新思维的发展。

### （一）科学选择区域活动

科学选择区域活动是幼儿园教育中一项至关重要的策略，旨在根据幼儿的年龄特点、兴趣偏好及发展需求来设计和选择适当的活动。在这一过程中，教育者需要综合考虑多个因素，确保活动的设计和选择符合幼儿的实际情况，促进他们的全面发展。

第一，年龄适宜性。教育者应当根据幼儿的年龄段选择合适的活动，以确保活动的难度与幼儿的认知水平相匹配。例如，对于幼儿园的儿童，简单的触摸游戏、色彩分类等活动更为适合，而对于学龄前的儿童，则可以引入更复杂的游戏和学习任务，如简单的拼图游戏或者基础的数学概念。

第二，兴趣驱动。了解幼儿的兴趣点，设计能够吸引他们参与的活动，有助于激发他们的学习动力和积极性。例如，对于喜欢做手工的儿童，可以设计手工制作、搭积木等活动；对于喜欢动物的儿童，可以设计动物观察、动物园角色扮演等活动。通过针对幼儿个体的兴趣点设计活动，可以使活动更加生动有趣，增加幼儿的参与度和专注度。

第三，教育目标的明确。每个区域活动都应当明确教育目标，以确保活动能够促进幼儿在特定领域的学习和发展。例如，一次简单的手工制作活动既可以培养幼儿的动手能力和创造力，又可以通过选择材料、搭配颜色等细节培养幼儿的审美和逻辑思维能力。因此，教育者在设计活动时应当清晰地确定活动的教育目标，并根据目标选取适当的教具和方法。

第四，多样性。提供不同类型的区域活动，以满足不同幼儿的多样化需求。幼儿在成长过程中，存在着个体差异，他们的兴趣、学习方式和发展速度各不相同。因此，教育者应当在活动设计中注重多样性，既要有适合认知发展的活动，也要有适合感性体验的活动，以及适合社会交往的活动。只有通过多样化的活动安排，才能更好地满足幼儿的学习需求，促进他们的全面发展。

（二）合理投放材料

在区域活动中，合理投放材料是确保活动成功的关键因素之一。下面从材料的相关性、安全性、多样性与可操作性及可持续性等方面探讨合理投放材料的重要性。

第一，材料的相关性。所投放的材料应与区域活动的教育目标密切相关。以儿童的学龄为例，如果活动旨在提高他们的数学技能，那么投放与数学学习相关的材料，如计数卡片、几何图形拼图等，将更具意义。这种相关性能够激发儿童的学习兴趣，加深他们对所学知识的理解，并帮助他们建立知识间的联系。

第二，安全性。所有的材料都必须符合安全标准，以确保幼儿在使用过程中不会受伤。这意味着材料不应包含小零件或尖锐边缘，以防止意外发生。特别是在面向幼儿的活动中，安全性问题至关重要，因为幼儿在探索过程中可能会不当使用材料。只有确保材料的安全性，才能让活动顺利进行，并让幼儿在安全的环境中尽情发挥创造力。

第三，多样性与可操作性。提供多种材料，允许幼儿根据自己的兴趣和需要进行选择和操作，有助于激发他们的好奇心和探索欲望。例如，在一个绘画区域，除了提供彩色笔、颜料和画笔，还可以提供纸板、画布、砂纸等不同的绘画媒介，让幼儿可以根据自己的喜好选择。这样的多样性不仅能够满足不同幼儿的需求，也能够发展他们的创造性思维和想象力。

第四，可持续性。选择可以重复使用的材料，既可以减少资源的浪费，也可以鼓励幼儿进行创造性思考。例如，使用可重复利用的材料如磁性积木、橡皮泥等，可以让幼儿在探索过程中尽情发挥想象力，同时减少对环境的负面影响。通过引导幼儿学会合理利用材料，可以培养他们的环保意识，让他们在玩耍的同时学会尊重环境。

（三）室内外材料选择与处理

1. 室内材料选择与处理

（1）角色扮演。在幼儿教育中，选择和处理室内材料对于激发幼儿的兴趣和学习动机至关重要。角色扮演活动是一种有效的教学方法，通过准备塑料针管、医药急救箱等道具，可以帮助幼儿更好地理解医生的职责，并培养他们的想象力和合作精神。这些角色扮演道具的选择需符合幼儿安全、易清洁的原则，以确保幼儿在游戏中的安全和健康。

（2）建构游戏。建构游戏是促进幼儿空间构建和逻辑思维训练的重要方式。通过提供积木、拼图等材料，可以激发幼儿的创造力和想象力，培养他们的空间感知能力和解决问题的能力。在处理这些材料时，教师应注重材料的质量和多样性，以满足不同幼儿的学习需求，同时鼓励幼儿合理使用和妥善保管这些游戏道具。

（3）阅读角的设立。阅读角的设立对于培养幼儿的阅读兴趣和良好的阅读习惯至关重要。定期更新书籍、引导幼儿将书籍放回原位，可以让幼儿在愉快的阅读氛围中提升语言表达能力和认知水平。在选择书籍时，教师应根据幼儿的年龄和兴趣，选择内容丰富、图文并茂的绘本，并配以适当的解说和引导，帮助幼儿理解故事情节和提高阅读理解能力。同时，教师还需教育幼儿爱护书籍，养成良好的书籍整理和保护习惯，以延续阅读的乐趣和意义。

2. 室外材料选择与处理

（1）赛跑类活动。在室外活动中，材料的选择和处理对于发展幼儿的运动能力和团队合作精神起到关键作用。赛跑类活动是培养幼儿身体协调性和意志品质的重要途径。通过使用轮胎、塑料玩具等障碍物，可以增加活动的趣味性，激发幼儿参与的积极性和热情。在处理这些材料时，教师需要注意材料的安全性和稳固性，以确保幼儿在活动中的安全，并鼓励幼儿相互合作、相互帮助，共同完成赛跑任务。

（2）集体游戏。集体游戏是培养幼儿团队精神和社交能力的有效手段。通过准备足够的球类、跳绳等道具，可以促进幼儿之间的合作与沟通，培养他们的团队意识和社交技能。在处理这些材料时，教师应鼓励幼儿积极参与游戏，引导他们尊重规则、尊重队友，培养良好的竞争意识和合作精神。

（3）自然探索活动。自然探索活动是培养幼儿对自然环境的认知和探索精神的重要途径。通过提供放大镜、收集盒等工具，可以引导幼儿近距离观察自然界的奥秘，培养他们的好奇心和科学探究能力。在处理这些材料时，教师应鼓励幼儿尊重自然、保护环境，同时指导幼儿正确使用工具，避免对自然环境造成损害。

# 第三章　幼儿园区域活动的开展与设计

在幼儿园教育中，区域活动是促进幼儿全面发展的重要手段，它不仅能够激发幼儿的学习兴趣，还能够培养幼儿的社交能力、动手能力和创新思维。本章将深入探讨幼儿园的各类区域活动、幼儿园区域游戏活动的开展、幼儿园班级科学活动区域的设计、幼儿园创造性游戏区域的活动探索、基于多元视角的幼儿园区域活动设计。

## 第一节　幼儿园的各类区域活动

### 一、幼儿园的预备区域活动

"幼儿园区域活动中的预备区域，是整个区域活动的准备和前提，是区域活动的重要组成部分，对幼儿的发展具有十分重要的意义"①。预备区域包括生活区、感官区和生态区三个基本区域，以发展幼儿的基本动作、培养幼儿的独立生活能力、激发幼儿热爱大自然的情怀为主要目的，训练幼儿的小肌肉，培养幼儿的手眼协调能力和手指的灵活性，同时锻炼幼儿的思维能力，激发幼儿的求知欲和好奇心。预备区域的内容安排很多，可以进行不同的种类划分，也可以利用生活的具体事件对预备区域的内容进行安排。预备区域的材料投放要按照班级幼儿的实际情况具有计划性和针对性，投放顺序是让幼儿由易到难操作，把握好材料的使用，教师还应及时观察幼儿的发展需要，及时更新材料。

---

①王微丽. 幼儿园区域活动：环境创设与活动设计方法［M］. 北京：中国轻工业出版社，2014.

（一）生活区

生活区是幼儿园区域活动中自始至终贯穿的活动内容，教师应依据不同年龄幼儿的能力发展水平和需求，有目的地创造条件，循序渐进地发展幼儿的生活技能和基本动作，为全面进行区域活动做好准备工作。

生活区选取与幼儿生活经验贴近的、以日常生活练习为主要内容的活动材料，主要通过提供一些真实的活动内容和情境，围绕发展幼儿的基本动作、自我服务能力、照顾环境、生活礼仪等方面进行。其中，基本动作方面包括：走、坐、站立、搬运、放置等动作的练习；手指配合的活动、手腕手掌配合的活动，如倒、折、剪、切、捏、夹、擦、卷等动作的练习。自我服务能力方面包括：穿脱衣服、系纽扣、系鞋带、进行简单的编织活动、切水果、整理物品等。照顾环境方面包括：打扫、整理环境、擦洗桌椅等。生活礼仪方面包括：打招呼、问候、致谢、递交物品、咳嗽、打喷嚏、规则养成等。生活区域中的练习可培养幼儿的日常生活技能，帮助幼儿养成良好的生活习惯和卫生习惯。《纲要》中提出了"指导幼儿学习自我服务技能，培养基本的生活自理能力"的要求，只有帮助幼儿掌握了基本的生活技能、学会照顾自己、提高自理能力，幼儿才有进一步发展其他能力的基础。生活区是小班幼儿重要的区域活动内容，教师可以根据本班幼儿的实际发展情况，充分利用各种资源为幼儿提供自我锻炼的机会，并把日常生活练习与幼儿的现实生活联系起来，帮助幼儿培养良好的生活习惯和能力。

（二）感官区

感官区，作为幼儿早期认知发展的窗口，扮演着至关重要的角色。在这个特殊的区域里，幼儿通过观察、摸索、听觉等多种感官活动，积极地认知和探索世界。下面通过对感官区的功能、设计及对幼儿感官发展的影响等方面的探讨，来揭示感官区在幼儿早期认知发展中的重要性。

第一，感官区的功能。感官区是一个极具特色的活动区域，其独特之处在于它能够通过各种感官材料来促进幼儿的感官协调与全面发展。在感官区中，教师会投放各种能够激发幼儿感官的材料，如色彩丰富的玩具、多样化的质地、各种声音的音乐盒等，让幼儿通过视觉、听觉、触觉、嗅觉和味觉等感官来感知世界。这种丰富的感官刺激有助于激发幼儿的好奇心和探索欲望，使其在探索中建立对世界的初步认知。

第二，感官区的设计。在这个区域里，应当投放各种让幼儿自主选择、自我探索的材料，如颜色鲜艳的积木、多样性的触感球、各种声音的玩具等。通过这些材料，幼儿可以进行拼搭、摆放、触摸、观察、聆听等操作活动，从而充分调动各种感官去认识事物的属性。这种自主选择和自我探索的过程不仅培养了幼儿的自主性和独立性，也促进了其感官的均衡发展。

第三，幼儿感官发展的影响。感官区的活动可以帮助幼儿培养注意力、观察力、比较力和判断力等认知能力，同时也有助于发展其初步的逻辑思维能力。在感官区的活动中，幼儿不仅可以观察物体的颜色、形状、大小等属性，还可以通过比较和分类等活动，学习到事物之间的关系和规律。例如，当幼儿在感官区中玩耍时，教师可以引导他们比较不同颜色的积木或不同质地的球体，让他们观察并判断它们的差异。通过这样的活动，不仅增强了幼儿对感官刺激的敏感性，还培养了幼儿分析问题和解决问题的能力。

综上所述，感官练习不仅局限于感官区的活动，更多地蕴含在幼儿的日常生活中。教师应该引导幼儿运用多种感官充分感受、体验、探索生活中的事物，从中获得生活与学习经验，提高感官能力的敏感性和精确性。例如，教师可以组织幼儿到户外进行自然观察活动，让他们触摸大自然中的植物、倾听鸟儿的歌声、嗅闻花草的香气等，从而丰富他们的感官体验。

## （三）生态区

"所谓生态区，是指幼儿园的教室内、走廊上、各类功能性教室的一角，提供种植自然植物、喂养及管理小动物、收集自然界中的事物等用品场所，是学前儿童开展非正规性科学活动的重要场所。"[①] 生态区是幼儿最

---

①洪宁灿. 探索生态区对幼儿发展的影响［J］. 科学与财富，2020（24）：76.

感兴趣的活动区之一，也是最能激发幼儿观察、探究，促进创新能力发展，丰富幼儿知识的重要渠道。以下将探讨生态区的设计与功能，以及它对幼儿的身心发展和环保意识的影响。

第一，生态区的设计以植物角和饲养区为主要内容，通过这些活动区域，幼儿可以亲身参与种植花卉、植物、蔬菜以及照料、饲养小动物的活动。这样的设计不仅能美化幼儿园的环境，也能为幼儿提供与自然亲近的体验。在植物角，幼儿可以观察不同植物的生长过程，了解它们的外形特征和生长规律；而在饲养区，幼儿可以照料小动物，与动物亲密接触。通过这些活动，幼儿既加深了对自然的认识，又培养了爱护和保护动植物的意识。

第二，生态区可以在幼儿园中承担重要的教育任务，不仅可以培养幼儿的观察力和促进知识的增长，也可以培养他们的科学、健康、社会等方面的素养。在教师的指导下，幼儿通过观察植物和动物的生长变化，可以学习科学知识，了解生命的奥秘和生态系统的运行规律。同时，参与种植和饲养活动能够让幼儿感受到劳动的快乐，培养他们的社会责任感和合作精神。

第三，生态区的设置也可以对幼儿的身心发展起到积极的作用。通过开展与自然亲近的活动，幼儿可以释放自己的情感，感受大自然的美好与神奇，促进身心的健康成长。例如，在观察植物和动物的过程中，幼儿可以体验自然界的和谐与美丽，感受大自然的温暖和关怀，从而提升自身的情感体验能力和情商。此外，参与种植和饲养活动也可以培养幼儿的耐心、细心和责任心，促进他们的自我管理和情绪调节能力的发展。

第四，生态区的设计应该根据幼儿的年龄和发展水平进行合理的规划。可以为不同年龄段的班级开辟专门的种植园地和"小动物的家"，让幼儿亲自参与到种植和饲养的过程中。同时，可以根据不同的主题风格设置生态区域，如家庭的后花园、原生态森林、夏威夷海滩等，让幼儿在不同的环境中感受大自然的魅力。这样的设计不仅可以丰富生态区的内容，也可以满足幼儿的多样化需求，促进他们的全面发展。

## 二、幼儿园的基本区域活动

基本区域是幼儿园整体区域范畴中最为重要的一个区域，它包括语言区、数学区、科学区、文化区、社会区等几个相对独立又紧密联系的体系内容。基本区域涵盖了幼儿园的基本教育内容，教师应根据幼儿的年龄阶段和学习特点来分解学习目标，将学习内容物化为可以操作探索的活动材料，让幼儿从亲身体验入手，通过观察、比较、操作、实验、探究等一系列自主活动，初步感受各文化领域的丰富内容，体验探究学习的乐趣，培养热爱学习的情感态度和发现问题、分析问题、解决问题的能力，帮助幼儿不断积累经验，并将其运用于新的学习活动中，使幼儿养成受益终身的学习态度和能力。

（一）语言区

幼儿学习语言是依照一定的方式和顺序、在一定时期内进行的。幼儿时期是语言发展最为迅速的时期，语言区为幼儿提供了丰富的语言教育环境，以听、说、读、写为活动线索，全面促进幼儿口头语言和书面语言的发展。

幼儿园的语言区，为幼儿创设了相对安静舒适的区域空间和自由宽松的语言交往环境，引导幼儿依照一定的方式和顺序来进行活动，具体体现在语言区所提供的活动材料，包含听、说、读、写四个基本部分。其中，听、说部分的练习，需要教师通过创设情境来激发幼儿倾听与表达的愿望，鼓励幼儿大胆交流，不断丰富词汇，提高语言表达技巧。语言区中的阅读活动，以培养幼儿的阅读兴趣和良好的阅读习惯为主要目标，通过阅读活动发展幼儿的想象力和理解能力，培养对文学作品的审美情趣。语言区为幼儿提供了适宜的图片、文具等，满足了幼儿认读文字和书写的需要，也培养了幼儿对文字的兴趣和对字体结构的观察能力，为幼儿今后的识字、书写打下了基础。

幼儿语言能力的发展是在与他人交往、主动运用语言的过程中完成的。教师应遵循幼儿学习语言的规律和需要，以发展幼儿的听、说、读、写能力为基本线索，并依据由浅入深、由易到难、由简单到丰富的层次递进，把语言区材料转化为幼儿可视听、跟读或操作的材料，让幼儿通过自主学习促进语言能力的发展。

## （二）数学区

数学区是教师根据幼儿园教育目标和幼儿的数学发展水平所创设的活动区域，它是通过有目的地投放数学活动材料，让幼儿按照自己的意愿和能力进行操作摆弄，进行个别化的自主学习的活动。幼儿思维具体形象性的特点凸显了直接感知、亲身体验和实际操作对幼儿数学认知的重要意义，数学区的材料具有明确的目标线索，富有层次性和趣味性，能够激发幼儿学习数学的兴趣，使幼儿掌握一定的学习方法。

数学区的活动目标和层次要求相对于数学集体教学而言更为宽泛、更加长远，它以培养幼儿喜欢数学的情感、态度，引导幼儿初步掌握学习数学的方法，感受事物的数量关系并体验数学的重要和有趣，提高探索和解决问题的能力为主要目标。数学区材料所体现出的知识点，涵盖了幼儿阶段数学领域学习的基本内容，其中包括有关数学的感知、体验和态度，数、量和数量关系，形状和空间概念。教师通过在数学区为幼儿提供大量具体、可操作的材料，把抽象知识具体化，培养幼儿对数学的直观认识和学习兴趣。在操作活动中，要允许幼儿按照自己的学习方式、速度去操作实践，并通过主动探究去发现新知识，巩固已有的旧知识并将其运用于生活实践中。在此基础上，教师还应根据幼儿的实际发展水平和需要，增加更多具有生活化特点、富有趣味性的材料作为补充，帮助幼儿感知生活中的数学，培养幼儿的数学思维，促进幼儿智力的发展。教师在数学区对幼儿的指导要适度，要多给予鼓励、启发、挑战、暗示，尽量让幼儿自己去发现和探索。

## （三）科学区

幼儿园的科学区为幼儿创设了自然宽松的科学探究氛围，提供了适宜的材料和探究工具，尊重幼儿的好奇心，引导幼儿勇于尝试和挑战，培养幼儿的科学情感、态度，促进幼儿的认知发展，帮助幼儿建立初步的科学探究能力。

幼儿有极强的好奇心和探究欲望，他们对蕴含在自然界当中的各种事物和现象有着很强的好奇心，他们希望通过自己的探究和发现，去认识和了解客观世界。幼儿园科学区的活动内容丰富多彩，活动形式也灵活多样，教师应当选择贴近幼儿生活和幼儿感兴趣的探究内容，给予幼儿安全的操作环境和支持性的心理氛围，鼓励幼儿探究自己，探究外界，了解物体和材料的物理特性、相互关系和有趣的科学现象。根据知识体系和操作材料的不同，科学区内容涵盖对自己身体的认识、对大自然的认识；帮助幼儿了解自然现象的形成，观察日月形象的变化；引导幼儿学习动植物的分类，观察动物的生活习性等。科学区还提供科学观察、测量和分类活动，为幼儿提供适宜的工具，支持幼儿利用工具进行探究活动，鼓励幼儿进行科学实验，如神奇的颜色变化、物理溶解现象、虹吸现象、灯泡发亮的小实验等，让幼儿通过观察自然生命现象及参与科学探索活动来获取直接经验。在科学区的活动中，幼儿能够按自己的兴趣、需要、方式去了解科学常识，这种自主探究活动是对集体科学教学活动的有益补充。

（四）文化区

文化区创设的区域环境和所提供的活动内容，在于让幼儿接触并吸收简单的科学文化知识，让幼儿理解历史发展具有连续性和阶段性，懂得人类文化随着时间的流逝会发生各种变化；通过开展与地理知识有关的活动，让幼儿了解简单的天文地理知识，使幼儿喜爱科学文化并激发他们对探究的兴趣。

文化区主要是对幼儿进行历史文化与地理文化等方面的粗浅教育，在区域内容安排上包括历史部分和地理部分。历史部分以"我"为开端，以时间和空间为线索，使幼儿推己及人、由近及远地感受时间的特性，时间与生命、自然界的关系。教师选取贴近幼儿生活的内容，如时钟、年月日、四季、生命的顺序、人类的进化等作为素材，为幼儿提供可操作和学习的材料，让幼儿感受时空流转所带来的变化。地理部分涵盖粗浅的人文和地理知识，幼儿通过操作世界地图和中国地图的拼图、地球仪以及不同国家的国旗、著名建筑物等活动材料，了解自己所在省市的地理位置、城市风貌、特产美食等，再拓展到认识亚洲和世界，促进幼儿对国家与世界的了解，从而激发幼儿爱家乡、爱祖国的情感，使其对世界各国产生向往之情。文化区的活动像是在幼儿面前打开了一本百科全书，为幼儿探索未知领域的奥秘提供了支持。幼儿以"我"为原点，由近及远不断拓展认知的范围，通过对时间、空间、地球奥秘、国家与世界等多元文化的了解，激发勇于探索世界的勇气。文化区中还包含不同国家的风土人情、人文历史的内容，对培养幼儿尊重生命、爱护环境的意识和国际化视野有着积极的作用。

（五）社会区

幼儿阶段是人的社会性发展的重要时期。培养幼儿良好的社会适应能力，可为幼儿形成健康的个性及与社会环境建立和谐关系奠定基础，它对促进幼儿的学习与发展具有重要意义。社会区正是为了实现这一教育目标而创设的区域。

幼儿的社会性发展包括人际交往和社会适应两个方面，它既是幼儿社会学习的主要内容，也是培养幼儿社会性和促进个性发展的基本途径。幼儿园的社会区以发展幼儿的人际交往能力和社会适应能力为主要目的，为幼儿提供情境化的社会活动，幼儿通过模仿、再现、创造去参与和体验各种社会活动。这些体验与感受会对幼儿的社会认知和行为产生一定的影响，并引导幼儿主动地把大家认同的或有益处的行为进行自我强化。这种自主参与的活动，不同于来自成人的简单说教，更容易为幼儿所理解和接受。幼儿在活动中学习怎样与人相处、怎样看待自己、怎样对待别人，逐步认识周围的社会环境，内化社会行为规范，理解并遵守日常生活中基本的社会行为规则，不断发展适应社会生活的能力。

## 三、幼儿园的创意区域活动

创意区域是基于对幼儿内在需求的了解，为充分满足幼儿全面发展的需要而创设的区域。它包括艺术区、建构与机械区、社会理解区、沙水区。创意区域是对基本区域的有益补充。幼儿园可根据自身的条件，挖掘并利用各方面的资源，因地制宜地创建创意区域。例如，充分利用室外活动场所、幼儿园的公共区域及社区环境等，根据不同区域的需要来选择适宜的场地。在材料提供上，可更多地使用低结构化、半成品材料，同时收集可加工使用的废旧材料，创造宽松自由、充满创意的区域环境，为幼儿提供更为丰富的实践机会，促进幼儿的学习与发展。

## （一）艺术区

艺术区，作为幼儿园教育环境中的重要组成部分，提供了一个促进幼儿艺术探索与表现的场所。在这个特定的空间内，幼儿可以通过音乐和美术活动自由地表达个性、情感和创造力。艺术区的设置与管理对促进幼儿的艺术学习和发展至关重要。

第一，艺术活动在幼儿教育中扮演着至关重要的角色。艺术活动是幼儿认识世界、表达情感、发展创造力的有效途径。对于幼儿而言，通过唱歌、跳舞、绘画等方式，他们可以表达内心的情感和喜好，展现出对世界的独特理解。因此，艺术区的设立为幼儿提供了一个展示自我、表达情感、发挥创造力的平台。在艺术区内，音乐区和美术区是两个基本部分。音乐区旨在培养幼儿对音乐活动的兴趣和感受力，促进他们的音乐表现能力。在这个区域内，应该提供与音乐活动相关的各种材料和设备，如钢琴、小型乐器、音响等，以创造一个有利于音乐欣赏和表演的环境。教师在这个过程中扮演着重要的角色，他们需要提高自己的音乐素养，积极引导幼儿参与各种音乐活动，从而激发幼儿的音乐潜能。

第二，艺术区旨在促进幼儿对艺术创作的兴趣和能力。教师在创设艺术区环境时，应该根据各种艺术形式的特点，为幼儿提供适当的材料和工具，并鼓励他们尝试各种绘画、剪纸、泥塑等技能。艺术区的设置不仅限于班级内，还可以在幼儿园的公共区域设置大型的创意美工室，为幼儿提供更广阔的创作空间和更丰富的材料，从而引导他们进行合作与创造。此外，艺术区的布置应当注重环境的美学感受和功能性需求。艺术区的场地应该开阔，环境布置要充满艺术气息，具有吸引力。同时，艺术区与安静的区域应该保持一定的距离，以免对其造成干扰。

在教师的引导下，艺术区的活动可以使幼儿获得许多益处。首先，可以培养幼儿的审美情趣和创造力。通过观察、模仿和创作，幼儿能够提高自身对美的感知能力，形成自己独特的审美观念。其次，艺术活动有助于促进幼儿的情感发展。在艺术创作的过程中，幼儿可以表达自己的情感、体验和想法，从而增强自我认知和情感管理能力。此外，艺术活动还可以促进幼儿的社交与合作能力。在与同伴一起创作的过程中，幼儿能够学会倾听、分享和合作，培养团队精神和社交技能。

（二）建构与机械区

幼儿园的建构与机械区，拥有充足的建构与机械材料，这些材料具有规则性、可操作性和灵活性的特点。幼儿通过有意识地堆积、拼插、排列、组合建构材料，主动进行各种认知建构，能够获得感性经验和心理满足。建构与机械活动对幼儿的客体认知发展，激发幼儿的创造性，以及提高幼儿解决问题的能力具有一定的积极作用。

幼儿园建构与机械区能够帮助幼儿发展建构能力和空间知觉能力，帮助幼儿认识物体的基本形状和数量关系。建构及机械材料能自由组合、重复使用，具有多变性、可塑性的特点，幼儿在变化多样的建构活动中，既能获得大小、高低、对称、平衡、方位等基本概念，又能锻炼动作的协调性和准确性，促进想象力、创造力的发展，还能提高分工合作共同进行建构游戏的能力。

幼儿建构的成品，如公园、医院等，可成为幼儿社会游戏的场所，增进区域间的联系。建构与机械区的材料非常丰富，其中包括大、中、小型的不同形状、材质的积木，供幼儿自由组合搭建，还有各种可以穿插拼接的塑料玩具，如雪花插塑、管状插塑等。教师还可以收集整理大量的废旧材料作为原始材料提供给幼儿，让幼儿在搭建过程中根据实际需要，有选择性地加以使用，如投放纸箱、纸盒、瓶罐、木块等材料，丰富建构内容，发展幼儿的创造力。机械类的材料，如各种组装材料，钉、锤、螺丝、钻孔机等工具，能让幼儿在机械加工过程中，积累生活经验，提高动手能力，挖掘特殊的创造能力。幼儿园的建构与机械区适宜选择平坦开阔、交通便利的场地，材料和工具的摆放与使用要特别注意安全，教师须定期更换、清理材料。

### （三）社会理解区

社会理解区通过创设生活化的游戏环境，投放真实的或替代性的操作材料，引导幼儿在该区域中按照自己的意愿选择和扮演角色，设计活动情节，模拟再现他们所了解的真实的社会生活情境，并充分发挥想象力进行创造。社会理解区为幼儿提供了交流与发展的平台，能有效促进幼儿的社会性发展，培养幼儿遵守社会规则的意识。

社会理解区是幼儿园公共区域中相对大型的活动区域，能够满足幼儿再现生活场景和模仿成人的愿望。例如，幼儿园可以在社会理解区建立一个全方位模拟再现社区基本功能设施的大型游戏区域，幼儿在游戏区域中模仿各种社会角色，感受他们之间的关系，学习交往与合作，获取丰富的情感体验，创造性地反映现实生活，这可以促进幼儿社会性的发展，满足幼儿的情感需求。教师也可以将整个社会理解区布置成一个温馨的家，有各种家具和厨具、家庭用品、食物、水果等仿真模型供幼儿进行游戏。幼儿临时组合成家庭，有爸爸、妈妈、宝宝、客人等各种角色，按角色进行游戏，体验各自在家庭中的事务和责任，并从中懂得怎样礼貌地招待客人等。教师还可以在社会理解区设置医院区，提供医生白大褂、药瓶、听诊器，并设置挂号室、诊疗室、收费处等科室，让幼儿体验就医看病的流程，促进幼儿在各种社会情境中与同伴及成人的相互交往，培养团结互助、合作分享的意识。社会理解区能够为幼儿提供一个依据已有生活经验进行再创造的环境场所，在区域活动中，幼儿能够学会遵守游戏规则和社会秩序，这种态度与品质又会迁移到幼儿的实际社会生活中，发展幼儿的社会行为，培养幼儿良好的社会适应能力。

### （四）沙水区

沙和水是柔性的自然物，亲近这些自然物能让幼儿的身心得到满足和放松，有益于幼儿的身心健康。沙和水没有固定性，方便易得，幼儿玩起来更加随心所欲，不会被固定的思路限制，可以有无限的创意，因而能充分调动幼儿的想象力、发挥幼儿的创造性和主动性，是幼儿百玩不厌的活动。

沙和水是幼儿最喜欢接触的自然物质，幼儿在自由自在地玩沙、玩水活动中，通过不同的玩法可以了解沙、水的特性，并从中体验玩沙、玩水的乐趣，从而培养自主性和创造性。玩沙、玩水适合幼儿的生理和心理特点，是一项有力地促进幼儿综合发展的游戏活动。

玩沙活动可以分为玩干沙和玩湿沙两种，干沙适合堆、筛、倒，湿沙适合垒建、倒模、修筑。玩水活动可利用水池、水盆或盥洗的水槽来进行，水池的深度不宜过深，有条件的也可使用水龙头或莲蓬头，让幼儿用身体感知沙和水的特性，发展幼儿的触觉。

沙水活动可以开设在空气清新、阳光充足的室外。为了让沙水活动更为有趣，教师可提供必要的活动工具或辅助材料，如玩沙使用的小铲子、小桶、小耙子、筛子等，玩水使用的洒水壶、水球、水枪、小盆、小桶等，还可准备一些防沙、防水的保护衣和眼镜等，避免幼儿的身体受到损伤。沙水活动体现了幼儿自由玩耍的特点，它没有固定的玩法，幼儿可尽情地与大自然亲密接触，但教师要根据幼儿的需要提供适度的帮助，如提供一些必要的活动主题，或具有创意的新玩法，同时注意保护幼儿的安全。

## 四、幼儿园的延伸区域活动

延伸区域是对基本区域和创意区域的延伸拓展，它主要是根据幼儿的特殊需要和具体情况，针对解决某项具体问题或满足幼儿某些特殊需要而设置的专门的研究区域。其目的在于尊重幼儿发展的个别差异，促进幼儿富有个性地发展，满足每个幼儿的发展需求。延伸区域包括拓展区和特别研究区两个活动区域，拓展区是对问题的延展性探究，特别研究区是对问题的专项研究。延伸区域具有比较强的综合性，更能培养幼儿解决实际问题的能力，与现实生活的联系也更加紧密。

（一）拓展区

拓展区是为有不同发展水平、不同学习节奏与兴趣爱好的幼儿创设的活动区域。拓展区为幼儿提供研究在基本区域中发现的问题以及进行进一步探究所需要的延展性材料，可以将其定义为区域活动中专门为个别幼儿开设的"选修课"，它能够满足幼儿的个体差异和不同的发展需求。

拓展区为幼儿提供了进行延展研究的区域，在幼儿自主选修的研习过程中，教师依据幼儿选修的"课题"，全方位地分析和挖掘该课题的特点、适宜载体和幼儿的实际发展需要，使幼儿能从不同角度和方式对自己感兴趣的问题进行综合体验和研究。这一"课题"一般来源于幼儿的主题研讨活动，并与主题活动密切联系、相互支撑，共同促进幼儿的发展。当教师发现幼儿在主题活动中需要了解的关键知识点、难点及幼儿感兴趣的问题时，就可将其转化为可操作的物化材料，设置与主题活动相适应的主题拓展区，也可将部分操作材料投放至适宜的其他区域，加强拓展区之间的横向联系。幼儿在不同区域针对同一研究主题设计制作的作品或探索研究的成果，还可以成为主题分享交流的话题或推动主题发展的载体，这推动了主题研究向纵深发展，兼顾了幼儿个体与整体发展的需要。

（二）特别研究区

特别研究区是为幼儿自己生成的或者特别感兴趣的"课题"提供的进行专门研究的活动区域，幼儿可以在教师的指导和支持下，针对个人需求搜集信息、量身定制、寻求答案。开展特别研究区的活动，在于让幼儿体验探究的过程、了解研究的方法及增强解决问题的能力。

特别研究区是特别的"个性化研究"，所研究的内容，有的来源于班级进行的综合主题活动，更多的是来源于幼儿的实际生活，如幼儿在日常生活（谈话、绘画）等活动中，很自然地表现出他们对某个特殊物品（如最近的流行玩具陀螺）、某个地点（幼儿园邻近的理发店）、某个热点新闻（如北京奥运会）的兴趣；还有的来源于对近期阅读的书籍或故事产生的话题，想要寻找故事背后蕴藏的知识或秘密。幼儿通常会通过向教师提问题、与同伴交流，要求给予更多的时间去了解该热点问题的相关资讯。教师应当及时把握住这些契机，关注幼儿的想法，并创造条件满足幼儿的特别需要。设置特别研究区的目的在于促进幼儿的个性化发展，为幼儿提供特色研究的领域和场所。

## 第二节　幼儿园区域游戏活动的开展

区域游戏活动的有效开展对提高教师专业素养、改善幼儿学习环境具有积极作用，教师提供适宜的环境与科学的指导有利于培养幼儿良好的学习品质，这就要求教师从根本上改变传统教与学的观念，优化科学指导幼儿园区域游戏活动的开展策略，具体如下。

### 一、加强理论学习，注重区域游戏的独特价值

幼儿园区域游戏活动作为幼儿园活动中非常重要的一项内容，它也影响着整个幼儿园课程作用的发挥，影响着幼儿园整体的教育质量的提高。教师要加强对区域活动的理论学习，将区域游戏理论与实践相结合，关注幼儿的学习与发展，有效更新自己的教育理念、儿童观、游戏观，通过有效开展区域游戏活动，丰富幼儿园的一日活动、遵循幼儿身心发展的特点和规律，让区域游戏变得常态和灵动。发挥区域游戏优势，关注幼儿自主学习及个体发展，回归学前教育本真。

良好的区域游戏是培养幼儿动手、合作、交往等能力的有效方式，在区域游戏中，幼儿能够自主建构知识经验，发展多方面行为习惯，对幼儿的全面发展具有不可替代的作用。《纲要》中指出，"幼儿园教育应关注个别差异，促进每个幼儿富有个性的发展"。开展区角活动顺应了幼儿发展的需要，是幼儿个性化发展的重要途径。幼儿园教师要更新观念，学习感悟区角活动的价值，树立广义的幼儿园课程观，把开展区角活动与主题教学活动紧密结合起来，把开展区角活动和组织集体教学活动放在同等重要的位置。处理好集体教学活动与区域活动的关系，充分挖掘区域活动的教育价值，更好地满足幼儿的全面发展的需要。要确保幼儿具有个性的发展，并获得全面的保障，我们就要为幼儿的游戏提供充足的时间保障，提

供丰富的游戏环境，给予幼儿交流合作、自主学习、探索发现的机会。通过幼儿园区域活动的有效开展，扭转幼儿教师重视幼儿园集体活动的组织，不注重个别教育，重视教育结果，忽略教育过程等不正确的教育观念，教师在区域活动中为幼儿创设良好的自主学习环境，让幼儿富有个性的发展，是贯彻《纲要》和《指南》精神的重要体现。

## 二、加强三级联动，形成教师"学习共同体"

通过调查和访谈发现，关于幼儿园区域活动的相关学习和培训以园本教研为主，区县和市级的相关培训比较少，而园内的相关培训往往缺乏系统性和实效性，幼儿园园所之间培训差异性较大，一些民办幼儿园缺少教科研专任管理人员，区域活动开展流于形式，有的幼儿园甚至不开展区域活动。因此，应建立幼儿园、区县和市级三级教育联动，通过各级各类教学指导，加强幼儿园区域活动质量评价，形成正向引导，为幼儿园区域活动提供"机会和可能"，同时给予教师实践探索的机会。

合作学习是教师参与园本教研共同体的重要路径。幼儿园应增进园内和园际的合作交流，建立园本研训制度，通过"走出去""请进来"、教师论坛等一系列方式，加强专业引领，进一步加强园本教研活动，形成教师自主学习、互助提升的集体教研部分。增强教研中教师的主动与合作，以更好地解决教师在区域活动环境创设及指导中存在的疑惑，从而真正将园本教研落实到实践教师组织区域活动能力的提升上。加强教研交流实效，分享智慧、引领进步。以市、区县、幼儿园多种途径增进园际间、教师间经常性的交流与合作，"修外功，练内里"。运用市级名师工作室引领、姐妹园结对子、区县区角活动观摩、区角环境创设评价、疑难困惑问题研讨、区角案例交流评比等多种方式激发教师互助学习研究的热情，并在共同研究区域活动的过程中，聚焦教师实际痛点问题，逐步缩小差异，促进师幼群体共同成长。

## 三、立足三个优化，提高区域活动质量

对于幼儿来说，区域活动既是游戏也是学习；对于教师来说，区域活

动就是一种隐性教学，教师往往将教学目标隐含在环境创设和材料投放及教师指导中。因此，幼儿园应在优化区域活动环境、优化区域活动材料、优化区域活动指导等方面下功夫，切实提升区域活动质量。

（一）优化区域活动环境

幼儿园区域活动环境包含精神环境和物质环境的准备，教师要根据幼儿的学习特点与规律，有目的地创设区域活动环境，营造和谐、自主、支持性的良好精神环境，根据幼儿兴趣、需要，尊重理解幼儿游戏意图和前期经验。尊重幼儿的年龄特点和学习方式，关注个别差异。同时，教师应将教育目标与内容自然蕴含在游戏中，引发和支持幼儿持续探究。幼儿可以按照自己的意愿选择区域游戏的内容、方式，不仅决定"玩什么""怎么玩"，还可以选择游戏的玩伴，发展游戏的情节等，这种以自主方式进行经验建构的活动，不仅能达到预期的教学活动目标，还能帮助幼儿形成自主学习习惯，为促进幼儿综合能力的发展及养成教育的实施提供了有利的条件。区域活动环境的优化应遵循以下三个原则。

第一，发展性原则：区域活动环境要根据幼儿当前的发展需要，根据教育教学的主题内容，为幼儿提供多元化的活动区，依据幼儿的能力与兴趣合理布局，让幼儿可以自由探索、操作学习。活动区的数量通常会受到幼儿人数、年龄及活动室空间的影响。一般每个区域人数设置以 3~6 人为宜，每个区域空间的设置建议如下：语言区要采光好，配有需要桌椅，场地较大；科学区要靠近水源，环境安静，配有桌椅；建构区要场地较大，加装隔音墙，一般不需要桌椅；美工区要靠近水源，配有桌椅，场地大。

第二，相容性原则：将活动性质相近的活动区放置在一起，活动的干扰可降至最低。例如，将比较安静的学习性区域放在活动室一边，将比较吵闹的创造性游戏区域放在活动室的另一边，动静分开以减少相互间的干扰。

第三，互惠性原则：两个相邻活动区中的材料及活动可以相互支持，以增进幼儿活动的丰富性。例如，科学区和数学区邻近，图书区和语言区邻近。而搭建结构游戏区后可以开展角色游戏和表演游戏。

（二）优化区域活动材料

材料是区域活动的基础，不同的操作材料会产生不同的效果，引发不同的活动类型和方式。而材料特性和运用方式常常会决定幼儿获得哪些学习经验和发展机会。材料的不同，幼儿的操作方法和活动方式就会有所不同，从而所获得的教育效果也不尽相同。针对幼儿的特点投放材料，既可以通过延伸弥补集体活动中的不足，又可以使幼儿最大限度地发挥自主探索的潜能，对幼儿进行更为具体的个别化教育。

在活动材料的选择与投放上，建议不要从成人的角度出发，追求高档化、高结构化、真实逼真化、成品化，这样不仅经费投入高，还降低了教育价值，我们应该从幼儿视角出发，选择半成品材料、生活化材料、废旧材料等低结构游戏材料，就地取材，最大限度地激发幼儿的主动性和创造性，使其在活动中体验自主探索的乐趣，发挥区域活动材料更大的教育价值。

（三）优化区域活动指导

优化区域活动指导在幼儿教育中具有重要的意义。对此，首先，采取"先观察，后指导"的策略。观察是优化区域活动指导的前提。教师需要通过观察来了解幼儿的游戏内容、兴趣爱好和行为特点，以便针对性地进行指导。观察可以帮助教师更好地了解幼儿的发展水平、认知能力和情感需求，从而有针对性地进行干预和指导。例如，通过观察，教师可以发现幼儿在某个游戏区域的活动内容和方式，以及他们在游戏中可能遇到的问题和困难，从而为后续的指导提供依据。其次，把握时机，介入指导。教师应该根据观察结果，抓住时机，及时介入幼儿的游戏活动，提供必要的指导和支持。然而，教师的介入应该以幼儿的兴趣和需求为出发点，而不是以成人的需求和看法为导向。教师应该尊重幼儿的选择和决定，给予他们足够的自主权，鼓励他们在游戏中发挥想象力和创造力。例如，当教师发现幼儿在角色扮演游戏中遇到困难时，可以给予适当的提示和指导，帮助他们克服困难，但不应该过度干涉，以免破坏幼儿的游戏体验。

同时，教师还应该善于发现和保护幼儿的好奇心，激发幼儿的学习兴趣和动力。教师可以通过提供丰富多样的学习资源和环境，创设具有挑战性和吸引力的学习情境，引导幼儿主动参与学习活动。例如，教师可以利用自然和实际生活中的机会，组织探究性活动，让幼儿通过观察、比较、操作、实验等方式，学习发现问题、分析问题和解决问题的方法和技巧。另外，教师还应该鼓励幼儿不断积累经验，并将所学知识和技能应用于新的学习活动中，形成受益终身的学习态度和能力。

# 第三节　幼儿园班级科学活动区域的设计

"幼儿正是智力启蒙的黄金时期，也是幼儿对外界事物产生初步认知的阶段，对幼儿日后的成长与性情具有关键的影响"[①]。科学活动区域是幼儿在班级中参与活动不可或缺的一个地点，教师必须重视科学活动区域的设计与应用，为幼儿打造良好的活动环境，布置丰富多彩的活动内容，充分满足幼儿在成长过程中的心理需求。通过在科学活动区域中开展相关活动，可以促使幼儿自主地对科学知识进行深入探索，教师也可以通过科学活动区域对幼儿产生更具体、更全面的认知，充分发挥科学活动区域的功效，推动幼儿的健康全面成长。

## 一、幼儿园班级科学活动区域设计的必要性

区域活动在幼儿园中是一项常见的活动，它有助于幼儿的身心健康成长，培养他们敏捷的思维能力。科学活动区域的合理设计和运用能够有针对性地激发幼儿对科学知识的兴趣，满足他们动手和求知的需求，培养他们良好的探究精神和科学素养，从而提高他们的动手能力和主动探究水平。因此，幼儿教师必须充分重视班级内部科学活动区域的设计和运用，以促进幼儿健康、快乐地成长。

---

①施佳丽. 浅析幼儿园班级科学活动区域的设计与应用策略 [J]. 天天爱科学（教育前沿），2022，(7)：7-9.

## 二、幼儿园班级科学活动区域设计的策略

### (一) 设计植物角、饲养角

1. 设计植物角的作用

植物角在幼儿园班级中扮演着不可或缺的角色，其功能不仅仅是美化环境，更重要的是激发幼儿对自然界的兴趣与好奇心。植物角的设置为幼儿提供了一个与植物亲密接触的机会，这有助于他们深入了解生命的奥秘，培养观察和探索精神。

植物角的重要性在于它是一个活生生的教学资源，能够启发幼儿对植物的好奇心和探索欲望。通过观察不同种类的植物，幼儿可以了解植物的生长过程、生命周期及植物对外界环境的反应，从而培养他们的科学素养和自然观察能力。例如，幼儿可以观察植物在不同条件下的生长情况，探讨影响植物生长的因素，如光照、水分和温度等。此外，植物角也是培养幼儿审美情感和艺术欣赏能力的重要场所。通过观察不同形态、颜色和纹理的植物，幼儿可以感受大自然的美妙之处，培养对美的敏感性和欣赏能力。他们可以通过绘画、手工制作等活动，将自己对植物的观察和感受表达出来，进一步加深对植物的理解和情感投入。

2. 植物角空间规划

在规划植物角的空间时，教师需要综合考虑多方面因素，以营造一个适合植物生长和幼儿活动的环境。首先，要考虑当地的气候和季节，选择适合生长的植物品种。在阳光充足的地方可以放置需要充足光照的植物，而在较为阴暗的地方则适合种植耐阴性植物。其次，要合理安排植物角的空间布局，使得每种植物都能够得到足够的空间和光照。可以根据植物的生长特点和大小进行分区，比如将高大的植物放置在靠窗的位置，而将矮小的植物放置在靠近地面的位置，以便幼儿观察和接触。除了考虑植物本身的空间布局，还应考虑与植物角相配套的设施和材料。例如，可以设置一个小型的水源，方便幼儿给植物浇水；还可以准备一些园艺工具，如铲子、水壶等，供幼儿参与植物的养护和管理。这样可以培养幼儿的自理能

力和团队合作意识。最后，植物角的设计应该考虑美观和安全性。可以通过选择植物的不同颜色和形态，打造出丰富多彩的植物景观，增加植物角的吸引力和趣味性。同时，要注意选择无毒无刺的植物品种，以确保幼儿在接触植物时的安全。

## 3. 设计饲养角的作用

饲养角作为幼儿园班级的重要组成部分，不仅能够丰富幼儿的生活经验，还有助于培养他们的科学素养和责任心。通过与动物的亲密接触，幼儿可以了解不同动物的习性和生活习惯，培养爱护生命的良好品质。首先，饲养角为幼儿提供了一个与动物亲密接触的机会，使他们能够近距离观察和了解动物的生活习性和行为特点。通过观察动物的日常活动，幼儿可以认识到动物也有生命、有感情，从而培养他们对动物的尊重和关爱之情。其次，饲养角的设置有助于拓展幼儿的动物认知和科学知识。通过了解不同种类的动物，幼儿可以掌握动物的分类、特征及适应生存的方式。例如，通过观察昆虫的生长变化，可以了解昆虫的生命周期和生态功能；通过观察乌龟的行为，可以了解乌龟的饲养需求和保护意义。

最重要的是，饲养角能够培养幼儿的责任心和团队合作意识。在饲养动物的过程中，幼儿需要喂养动物、清理动物的生活环境，这可以培养他们的自理能力和独立性；同时，也需要和同伴一起协作，共同照顾好动物，这可以培养他们的团队合作精神和社交能力。

## 4. 饲养角空间规划

在规划饲养角的空间时，教师应该根据班级的实际情况和幼儿的年龄特点，合理布置饲养区域，以营造一个安全、舒适的饲养环境。首先，教师需要选择适合饲养的小型、温顺的动物。常见的饲养动物包括昆虫、乌龟、金鱼等，它们体型小巧、性情温顺，适合在班级内饲养。在选择动物时，要注意它们的生活习性和饲养需求，确保能够提供给它们适宜的生活环境和食物。其次，教师要科学规划班级内部的饲养空间，确保每种动物都有足够的生活空间和活动区域。可以根据动物的种类和数量，设置不同的饲养区域，如昆虫区、乌龟池、鱼缸等，使得每种动物都能够获得适宜的生活条件。再次，饲养角的设计应该与植物角相融合，形成一个统一的活动区域。可以在植物角附近设置饲养区，利用植物的氧气释放和阴凉环境，为动物提供一个适宜的生活环境。这不仅可以节省空间，还可以增加活动区的整体美观性，营造一个生机勃勃的班级环境。最后，饲养角的设计应考虑幼儿的安全和卫生问题。要选择安全无毒的饲养用具和动物食物，避免幼儿误食或接触到有害物质；定期清洁和消毒饲养器具，保持饲养环境的清洁卫生，防止细菌滋生。

## （二）布置科学探索区

### 1. 提供科学探索区材料

科学探索区作为培养幼儿科学素养的重要场所，其材料的提供至关重要。教师应该为科学探索区提供丰富多样的科学材料，这些材料不仅应包括基本的观察工具，还应包括促使幼儿进行实验与记录的设备和工具。其中包括但不限于放大镜、显微镜、测量器械、容器、实验设备及记录工具等。

（1）放大镜和显微镜等观察工具是培养幼儿观察力和细致性的关键。通过这些工具，幼儿可以观察微小的生物或物体，从而引发他们的好奇心和探索欲望。例如，通过放大镜观察昆虫的细节结构，幼儿可以了解昆虫的形态特征和生活习性。而显微镜则可以让幼儿观察更微小的细胞结构，从而了解生物的微观世界。

（2）测量器械和容器等工具能够帮助幼儿进行科学实验和量化观察。例如，通过测量容器中水的体积和重量，可以培养幼儿的实验技能和数据分析能力。而实验设备则可以让幼儿亲自动手进行科学实验，如制作简单的电路、探究水的密度等，从而深入了解科学原理。

（3）记录工具的提供是科学探索区的重要组成部分。记录工具包括笔、纸、相机等，能够帮助幼儿记录实验过程和观察结果。通过记录实验的步骤和观察到的现象，可以培养幼儿的科学思维和逻辑推理能力。同时，记录工具也能让幼儿与他人分享自己的发现，促进他们的合作和交流能力的发展。

2. 开展科学探索区实验

在科学探索活动中，教师的引导和实验设计至关重要。通过多样化的实验活动，可以引发幼儿的思考与探索，拓展他们的科学知识面。

（1）教师可以通过简单且有趣的实验激发幼儿的兴趣。例如，利用磁铁吸附物体的现象，可以设计一个有趣的实验。教师可以先向幼儿展示不同形状和材质的物体，然后让他们观察磁铁对这些物体的吸引情况。通过观察实验结果，幼儿可以发现只有特定材质的物体才会被磁铁吸引，从而激发他们对磁性的兴趣。随后，教师可以引入磁极的概念，通过实验让幼儿了解不同磁极之间的相互作用规律。

（2）教师可以结合不同科学主题设计实验活动，拓展幼儿的科学知识面。例如，在生态主题下，教师可以设计一系列关于植物生长和环境影响的实验。通过种植不同种类的植物并调整其生长环境，幼儿可以观察植物生长的变化，并了解环境因素对植物生长的影响。在物理主题下，教师可以设计一些与力、运动和能量相关的实验，如利用简单的滑轮和斜面来研究重力和摩擦力的作用。

（3）教师在实验设计中应该注重培养幼儿的实验技能和科学思维。在实验过程中，教师可以引导幼儿提出问题、制定假设、进行观察和实验，并分析实验结果。通过这样的过程，可以逐步培养幼儿的科学探究能力，包括观察、实验、推理和总结等。

## 第四节　幼儿园创造性游戏区域的活动探索

### 一、创造性游戏及其价值

创造性游戏被定义为一种儿童活动形式，其特点在于通过创造性思维和行动，培养幼儿的想象力、创造力和解决问题能力。这类游戏通常不受成人预设规则的限制，鼓励幼儿自由探索、尝试和表达。在幼儿全面发展中，创造性游戏具有不可估量的积极作用。下面从认知、社会性、情感和身体四个方面来探讨创造性游戏的价值。

第一，认知发展。创造性游戏可以显著促进幼儿的认知发展。在游戏中，幼儿不断地探索、发现、尝试新的想法和方法，这种探索过程可以激发幼儿的好奇心和求知欲。通过游戏，幼儿可以建立起对世界的认知模式，提升自己的认知水平。例如，在建造模型或解决难题的过程中，幼儿需要运用逻辑推理和空间想象力，这对于他们的认知发展至关重要。此外，创造性游戏还有助于培养幼儿的解决问题的能力和创造力，他们在尝试解决游戏中的问题时，不断地寻找新的思路和方法，从而提高自己的认知水平。

第二，社会性发展。创造性游戏对幼儿的社会性发展也有着重要的促进作用。在游戏过程中，幼儿与同伴进行互动、合作，学会倾听、表达和尊重他人。这种社交互动不仅能促进幼儿的社交技能和情感管理能力的发展，还能培养他们与他人和谐相处的能力。例如，在角色扮演游戏中，幼儿扮演不同的角色，与其他幼儿进行角色交流和互动，这有助于他们学会倾听他人的观点、理解他人的感受，并通过合作达成共识，从而培养他们的团队合作精神和社交技能。

第三，情感发展。创造性游戏对幼儿的情感发展也具有重要意义。在游戏过程中，幼儿可以尽情地表达自己的情感和想法，释放内心的压力和情感。与他人合作并分享成功的喜悦也能够增强幼儿的自信心和情感安全感。例如，在团队建模游戏中，幼儿可以充分表达自己的想法，并与团队成员合作建造模型，这既有利于培养他们的表达能力，又有利于增强他们的自信心和团队凝聚力。

第四，身体发展。创造性游戏对幼儿的身体发展也能起到积极的促进作用。在游戏过程中，幼儿常常需要动手操作，如搭建、拼图等，这有助于锻炼他们的手眼协调能力和精细动作能力。同时，一些户外创造性游戏也能够促进幼儿的体能发展，增强他们的身体素质。例如，户外的游戏活动如追逐、跳跃等可以锻炼幼儿的大肌肉群，提高他们的体能水平，同时也可以让他们在活动中感受锻炼身体的乐趣，培养他们的运动兴趣。

## 二、幼儿园创造性游戏区域活动的设计原则

在设计幼儿园的创造性游戏区域时，需要遵循一系列原则，以确保游戏环境的安全性、教育性、趣味性、多样性和灵活性。这些原则的综合运用能够有效地促进幼儿的全面发展。

第一，安全性原则是设计游戏区域的首要考虑因素。在幼儿的游戏环境中，安全是至关重要的。游戏区域设计应该排除一切可能对幼儿造成伤害的因素。这包括确保游戏场所没有尖锐物品、易碎物品等，以及保证游戏设施的稳固性和安全性。例如，在设计游戏场地时，应避免使用易碎的玻璃制品，而应选择坚固、无害的材料，确保幼儿在游戏中不会受伤。

第二，教育性原则是设计游戏区域的关键。幼儿时期是幼儿认知、情感、社交和身体发展的关键阶段，因此游戏环境应该为他们提供丰富的学习机会。游戏设计应蕴含教育意义，通过游戏活动促进幼儿的综合发展。例如，设计一个模拟商店的游戏区域，可以帮助幼儿学习购物和计算的基本技能。在这样的游戏中，幼儿不仅能够模拟真实生活中的情景，还能够通过角色扮演和互动学习社交技能。

第三，趣味性原则也是不可或缺的重要原则之一。幼儿对于游戏的参与和投入程度与游戏的趣味性密切相关。因此，游戏应能激发幼儿的兴趣，让他们乐于参与其中。在游戏设计中融入童话故事、角色扮演等元素，可以增加游戏的趣味性，激发幼儿的参与欲望。例如，设计一个梦幻城堡的游戏区域，让幼儿扮演王子、公主等角色，与其他小伙伴一起探索、冒险，这样的游戏场景可以激发幼儿的想象力和创造力。

第四，多样性原则要求提供多样化的游戏材料和活动形式。幼儿有不同的兴趣和发展需求，因此游戏区域应该提供多样化的游戏选择，以满足他们的多样化需求。这包括绘画、手工、角色扮演、建构玩具等不同类型的游戏。例如，为了满足喜欢做手工的幼儿的需求，可以设计一个手工艺制作区域，提供各种材料和工具，让他们自由发挥创意进行手工制作。

第五，灵活性原则要求游戏区域能够随时调整和改变。幼儿的兴趣和发展水平会随着时间变化，因此游戏区域应该具有灵活性，能够根据幼儿

的需求进行调整和更新，保持活力和吸引力。这包括定期更新游戏材料、调整游戏布局及引入新的游戏元素等。例如，根据幼儿的反馈，可以定期更换角色扮演道具，或者增加新的游戏活动，以保持游戏的新鲜感和吸引力。

## 三、幼儿园创造性游戏区域设施与活动材料

创造性游戏区域的设施和材料选择至关重要，它们直接影响着幼儿的游戏体验和发展。在幼儿园的游戏区域设计中，设施的布局、材料的选择及维护管理策略都是需要认真考虑的关键因素。首先，游戏区域的布局规划应该考虑幼儿的活动需求和安全要求。合理的布局可以提供充足的活动空间，保证幼儿的活动安全和自由。游戏区域应该被分割成不同的功能区域，以满足幼儿在游戏过程中的多样需求。例如，角色扮演区可以提供模拟厨房、医院或者超市等角色扮演的场景，激发幼儿的想象力和创造力。建构区则可以提供各种积木、拼图等建构类玩具，帮助幼儿发展空间感和逻辑思维。而美术区则可以提供绘画、涂鸦等材料和设施，鼓励幼儿表达自己的想法和情感。通过合理的布局，幼儿可以根据自己的兴趣和需求选择活动内容，并在安全的环境中尽情发挥。其次，选择适宜的游戏材料和设施是设计游戏区域的重要环节。材料应该具有启发性和开放性，能够激发幼儿的想象力和创造力。在角色扮演区，提供仿真的厨具、医疗器具等可以帮助幼儿模拟真实生活中的场景，培养他们的社交能力和情感认知。在建构区，选择各种形状、颜色和大小的积木、拼图等建构玩具，可以促进幼儿的手眼协调能力和空间认知能力的发展。而在美术区提供丰富的绘画材料、彩色纸张和工具，可以激发幼儿的创造力和艺术表现力。这些材料不仅要符合安全标准，还要具有足够的质量和耐用性，以确保幼儿能够长时间安全地使用。

另外，材料的更新与维护策略也是至关重要的。教师应该定期检查和更新游戏材料，确保其完整性和安全性。损坏的玩具应及时修复或淘汰，以免对幼儿造成伤害。同时，教师应该引导幼儿正确使用和保管游戏材料，培养他们的责任感和管理能力。例如，教师可以和幼儿一起清理、整

理游戏材料，让他们学会尊重和珍惜共享资源。此外，定期举办家长参与的清洁日或维护日，可以增强家长对游戏区域的关注和支持，共同为孩子营造一个安全、整洁的游戏环境。

通过精心选择和管理游戏区域的设施和材料，可以为幼儿提供丰富多彩的游戏体验，促进其全面发展。一个充满启发性和挑战性的游戏环境，能够激发幼儿的好奇心和探索欲望，培养他们的创造力、合作精神和解决问题的能力，为他们未来的学习和发展打下坚实的基础。

## 四、幼儿园创造性游戏区域活动组织与指导

在幼儿园创造性游戏区域活动组织与指导中，教师的作用至关重要。教师不仅仅是教学的传递者，更是幼儿游戏活动的引导者、观察者和支持者，以确保幼儿在游戏中获得全面的发展。

第一，教师需要扮演观察者的角色。教师需要以开放、敏锐的眼光观察幼儿的游戏行为和发展情况，以便了解幼儿的兴趣、需求和发展水平。通过观察，教师可以更好地了解幼儿的个体差异和发展需求，为后续的教学和指导提供科学依据。

第二，教师需要担任引导者的角色。教师需要根据幼儿的年龄、发展水平和兴趣引导游戏活动，为幼儿提供适宜的游戏材料和启发性问题，引导幼儿在游戏中探索、思考和学习。引导者的任务不仅是提供游戏材料，还要激发幼儿的创造力和想象力，促进其认知、情感、社交和身体发展。

第三，教师需要充当支持者的角色。教师需要给予幼儿充分的关注和支持，在游戏过程中鼓励幼儿勇于尝试、表达自己的想法和感受，给予积极的肯定和鼓励，帮助幼儿克服困难，培养其自信心和合作精神。支持者的作用在于为幼儿提供安全、温暖的情感环境，激发他们的学习动力和积极性。

第四，教师需要进行充分的准备工作。首先是环境布置，包括游戏区域的布置、游戏材料的摆放等，要根据幼儿的兴趣和发展需求合理设置游戏环境，保证环境的丰富性和安全性。其次是材料准备，教师需要准备各种丰富多样的游戏材料，包括教具、玩具、艺术材料等，以满足幼儿的不

同需求和游戏兴趣。最后是安全检查，教师需要认真检查游戏环境和材料的安全性，确保幼儿在游戏中的安全。

第五，教师需要做好观察与记录工作。教师需要及时记录幼儿的游戏行为和表现，包括幼儿的兴趣、表现、合作与冲突等，以便分析幼儿的发展水平和需求，为后续的教学和个体化指导提供参考。做好观察与记录工作可以帮助教师更好地了解幼儿的特点和需求，指导幼儿的个性化发展。

第六，教师需要与幼儿共同回顾、评价游戏过程。教师可以与幼儿一起分享游戏的体验和收获，促进彼此之间的交流和学习。通过共同回顾和评价，教师可以帮助幼儿总结游戏的经验，发现问题并寻求解决方案，促进幼儿的思维发展和自我认知。

由此可见，通过精心的组织和指导，教师可以为幼儿提供丰富多彩的游戏体验，促进其认知、情感、社交和身体发展。教师的角色不仅是传授知识，更是引导、支持和激励幼儿成长的重要保障。因此，幼儿园创造性游戏区域活动的组织与指导需要教师在角色定位、准备工作、观察记录、引导支持和评价反思等方面开展全面且精细的工作，以促进幼儿的全面发展。

## 五、幼儿园创造性游戏区域活动的实施策略

在幼儿园的教育环境中，创造性游戏区域活动是促进幼儿综合发展的重要途径之一。为了确保游戏区域活动的有效开展并促进幼儿的全面发展，需要采取一系列策略来指导和支持。下面探讨幼儿园创造性游戏区域活动的实施策略，包括以幼儿为中心的游戏设计、鼓励幼儿自主探索与合作、游戏中教师的介入时机与方法及家长参与创造游戏的途径与意义。

第一，以幼儿为中心的游戏设计。以幼儿为中心的游戏设计应该是建立在幼儿的兴趣和需求基础之上的。通过了解幼儿的个体特点、兴趣爱好和发展阶段，设计能够吸引他们参与的游戏活动，让幼儿成为游戏的主角。例如，在创造性游戏区域设置不同主题的游戏区，如角色扮演区、建构区和艺术区，让幼儿自由选择参与，并根据他们的兴趣和想象力进行游戏。

第二，鼓励幼儿自主探索与合作。在游戏活动中，教师应该鼓励幼儿主动探索和合作。教师可以提供一些启发性的问题或情境，激发幼儿的好奇心和探索欲望，让他们自主选择探索的方向和方式。同时，鼓励幼儿在游戏中进行合作，培养他们的团队精神和交往能力。例如，在建构区提供一些大型积木或搭配模型，让幼儿合作完成建造，以培养他们共同思考、交流和解决问题的能力。

第三，游戏中教师的介入时机与方法。教师应该根据幼儿的实际情况和需要，灵活运用引导和提示，帮助幼儿解决问题和克服困难。教师可以在适当的时候提出开放性的问题，引导幼儿思考和探索，同时在幼儿遇到困难时给予适当的帮助和支持。然而，教师的介入应该是有限度的，不应过度干预，给予幼儿足够的空间和时间进行自主探索和发展。例如，在角色扮演区，教师可以扮演一些角色参与游戏，与幼儿共同探讨情景中的问题和解决问题的方案，但不应过多干预幼儿的角色选择和表现方式。

第四，家长参与创造性游戏的途径与意义。家长是幼儿成长过程中非常重要的伙伴，他们可以通过参与游戏活动了解幼儿的成长情况，促进家校合作，共同关注幼儿的发展需求。家长可以参加幼儿园组织的亲子游戏活动，与幼儿一起玩耍、探索和学习，增进亲子关系，同时也可以更好地了解幼儿在幼儿园的表现和需求，与教师共同制订幼儿的个性化发展计划。

通过采取以上策略，可以有效促进幼儿园创造性游戏区域活动的开展，推动幼儿的全面发展。以幼儿为中心的游戏设计、鼓励幼儿自主探索与合作、游戏中教师的适时介入时机与方法及家长的参与，共同构成了一个有机的系统，能够为幼儿提供游戏中丰富多彩的游戏体验，促进他们的身心健康和综合发展。

## 六、幼儿园创造性游戏区域活动中的能力培养

创造性游戏为幼儿提供了丰富的解决问题的能力和创新能力培养的机会。教师在游戏活动中可以采取一系列方法，引导幼儿发现问题、提出问题，并培养其解决问题的能力和创造性思维能力。

（一）引导问题发现与提出

在幼儿园创造性游戏区域活动中，教师的引导对幼儿的问题发现和问题提出至关重要。通过观察和提问，教师能够激发幼儿的问题意识和解决问题的愿望，进而培养其创造性思维能力。

教师在游戏活动中的角色不仅仅是引导者，更是启发者。通过观察幼儿在游戏中的语言和行为，教师可以发现潜在的问题点，并通过巧妙的提问，引导幼儿深入思考。此外，提出问题不仅是对环境的认知，更是对自身认知和思考的体现。教师在游戏活动中可以借助故事情景、角色扮演等方式，激发幼儿的想象力和创造力，引导他们提出有趣的问题。

（二）培养解决问题能力

创造性游戏的一个重要目标是培养幼儿的解决问题的能力。通过提供一系列具有挑战性的游戏任务，教师能够促使幼儿动脑筋、动手解决问题，从而提升其逻辑思维能力和解决问题的能力。

教师可以通过设置游戏规则和难度，激发幼儿的兴趣和挑战欲。例如，在拼图游戏中，教师可以提供一些复杂的拼图，让幼儿在有限的时间内完成。这样的游戏任务能够使幼儿集中注意力分析问题，并寻找解决问题的方法。

在游戏中培养幼儿的合作精神也是解决问题的关键。教师可以设计一些需要团队合作的游戏任务，让幼儿学会倾听、协作和共同解决问题。例如，在团队建造游戏中，教师可以要求幼儿一起设计并建造一个城堡，这样的活动不仅可以锻炼幼儿的合作能力，还能够培养他们的创造性思维和解决问题的能力。

（三）激发创新思维

创造性游戏还能够激发幼儿的创新思维。教师可以提供一些开放性的游戏任务，鼓励幼儿尝试新的方法，从而培养其创造性思维和创新能力。

在游戏中给予幼儿充分的自由空间是激发创新思维的重要方式之一。教师可以提供一些多样性的游戏材料，让幼儿自由发挥想象力和创造力。例如，在进行搭建游戏时，教师可以提供各种各样的积木和搭建工具，让幼儿根据自己的想法和兴趣进行创造性的组合和搭建。

鼓励幼儿尝试不同的解决方案也是培养创新思维的有效途径。教师可以提供一些复杂多变的游戏情境，让幼儿尝试各种可能的解决方案，并从中学习反思和改进解决方案。例如，在解密游戏中，教师可以设计一些难以破解的谜题，让幼儿动脑筋寻找解决方法，从而培养其灵活性和创新性。

## 七、幼儿园创造性游戏区域活动的挑战与对策

### （一）幼儿参与度不均等的挑战与对策

幼儿园创造性游戏区域活动的一个挑战是幼儿参与度不均等。在游戏活动中，一些幼儿可能表现出更强烈的兴趣和主动性，而另一些幼儿可能缺乏积极参与的意愿。针对这一问题，可以采取差异化的指导策略。

第一，教师需要了解每个幼儿的发展水平和兴趣特点。通过观察和记录，教师可以对幼儿的认知、情感、社交和身体发展进行评估，从而为他们提供个性化的游戏指导。

第二，教师可以根据幼儿的特点，设计不同难度和类型的游戏活动。对于那些兴趣相对较低的幼儿，可以为其提供更简单、更具吸引力的游戏内容，激发其参与的动机；而对于那些兴趣较高的幼儿，则可以为其提供更具挑战性和深度的游戏任务，满足其学习需求。

第三，教师可以通过小组活动和角色分配，促进幼儿之间的合作和互动。通过让幼儿相互协助、分享经验和观点，可以增强他们的参与感和归属感，提升整体的游戏参与度。

### （二）游戏材料单一、缺乏更新的挑战与对策

如果游戏材料长期不变，可能会导致幼儿的兴趣下降，影响他们的参与度和创造性发展。针对这一问题，可以增加材料的多样性和加快更新频率。首先，教师可以定期检查和更新游戏材料。通过与幼儿互动和观察，教师可以了解哪些游戏材料受欢迎，哪些不受欢迎，然后根据反馈情况进行调整和更新。其次，教师可以引入新的游戏内容和玩具，以丰富游戏材

料的种类。新颖的游戏材料往往能够激发幼儿的好奇心和探索欲望，提高他们的游戏体验度和参与度。例如，可以引入一些 STEM（科学、技术、工程、数学）类玩具，如积木拼搭、磁性构建等，以发展幼儿的动手能力和逻辑思维能力。

另外，教师还可以鼓励幼儿自主制作游戏材料。通过让幼儿参与到游戏材料的制作过程中，可以增强他们的参与感和创造力，同时也能够更好地满足其个性化的游戏需求。

（三）教师指导困难的挑战与对策

在创造性游戏区域活动中，教师不仅仅是引导者，更是启发者和支持者。然而，教师在游戏指导中也面临着一些问题，如何有效地引导和支持幼儿的游戏活动。针对这一问题，可以加强教师培训和支持。首先，教师需要不断提升自己的游戏指导能力。教师通过参加专业培训和研讨会，学习如何设计创造性游戏区域活动、如何观察幼儿的游戏行为、如何提出有针对性的问题等技能。其次，教师需要加强与其他教育专业人员的交流和合作。通过与幼儿园内的其他教师、教育心理学家、游戏专家等专业人员的沟通和合作，可以相互借鉴经验、分享资源，共同探讨游戏指导的有效方法。

另外，教师还可以利用现代科技手段来支持游戏指导工作。例如，可以利用平板电脑或智能手机上的教育应用程序，为幼儿提供更丰富、更多样的游戏体验和学习资源。

（四）家长误解的挑战与对策

第一，教师可以定期举办家长会或家庭日活动，邀请家长参与到幼儿的游戏活动中。通过亲身体验游戏活动，家长可以更直观地了解游戏的教育意义和益处，从而更加支持幼儿参与游戏活动。

第二，教师可以定期向家长发送游戏活动的介绍和教育资料。通过书面材料、图片、视频等形式，向家长介绍幼儿在游戏活动中的学习情况和成长变化，让家长更清楚地了解游戏的教育价值。

第三，教师可以建立家长群，定期分享游戏活动的心得体会和家庭游戏指导。通过与家长的交流和互动，可以增强彼此的理解和信任，共同促进幼儿的全面发展。

## 八、幼儿园创造性游戏区域活动的评价与改进

### （一）幼儿园创造性游戏区域活动的评价标准与方法

对于幼儿园创造性游戏区域活动，其评价标准与方法的科学性和全面性对于有效评估活动的质量至关重要。教师应根据游戏活动的目标和内容，制定相应的评价标准和评价方法，以客观评估幼儿的游戏活动。首先，评价标准应涵盖游戏活动的多个方面。除了评价幼儿的表现，还应考虑游戏活动的设计、环境和教师的指导等因素。例如，对于一个角色扮演游戏，评价标准可以包括角色塑造、情节连贯性、合作能力等方面，以全面了解幼儿的参与情况和游戏质量。其次，评价方法应多样且灵活。教师可以结合观察记录、行为观察、作品展示、小组讨论等方式，收集幼儿在游戏活动中的表现和成果。例如，教师可以通过观察记录幼儿在游戏活动中的行为举止、表情变化等，以及收集幼儿制作的手工作品、了解幼儿解决问题的过程等，来全面评价幼儿的游戏活动。

### （二）教师自我反思与专业成长

教师的自我反思和专业成长对于改进幼儿园创造性游戏区域活动至关重要。通过反思自己的教学行为和效果，教师可以及时发现问题和不足，不断提升自己的教学水平和能力。首先，教师应定期进行游戏活动的反思和总结。在活动结束后，教师可以回顾游戏设计和实施过程，分析幼儿的反应和表现，发现存在的问题和改进的空间。通过这样的反思过程，教师可以更好地了解自己的教学实践，从而提高教学效果。其次，教师应积极参加专业培训和研讨会。通过与同行的交流和学习，教师可以获取新的教学理念和方法，拓宽自己的视野，提升自己的专业水平。例如，教师可以参加关于游戏设计和教学策略的培训课程，学习如何设计创造性游戏区域活动，如何引导幼儿参与游戏活动等。

另外，教师还可以利用自我评估工具，如教学日志、教学反思记录等，

帮助自己进行系统的教学反思和总结。通过不断的自我反思和反馈，教师可以及时发现自己的不足之处，并确定改进方法，努力提高自己的专业水平。

（三）家长与幼儿的反馈收集与分析

家长与幼儿的反馈对于评价和改进幼儿园创造性游戏区域活动同样至关重要。教师应建立良好的沟通渠道，积极收集家长和幼儿的反馈意见，以便及时调整和改进游戏设计。首先，教师可以定期与家长进行面谈或举行家长会。在这些交流活动中，教师可以向家长介绍幼儿在游戏活动中的表现和成长情况，并征求家长的意见和建议。家长可以分享自己对游戏活动的看法和期望，提出改进建议，共同探讨支持幼儿的游戏发展策略。其次，教师可以利用问卷调查等方式收集幼儿和家长的反馈意见。通过设计问卷或开展访谈，教师可以了解幼儿对游戏活动的喜好和需求，以及家长对游戏活动的认知和期望。通过分析这些反馈意见，教师可以发现存在的问题和不足，进而调整和改进游戏设计。

另外，教师还可以借助数字化工具，如在线调查平台和家校互动平台，实现对反馈意见的及时收集和分析。通过这些平台，教师可以方便地与家长和幼儿进行沟通和互动，收集他们的反馈意见，及时做出反应和调整。

# 第五节 基于多元视角的幼儿园区域活动设计

## 一、基于思政视角的幼儿园区域活动设计

幼儿的发展是在与周围环境的相互作用中实现的，良好的教育环境对幼儿身心发展具有积极的促进作用。因此，将思政元素融入环境创设中，让每个创设环境与教学结合起来，可以延展教育的内涵。

第一，营造思政元素的园所环境。幼儿园环境创设不仅包括物质环境，还包括良好的人际环境与精神氛围。在思政视角下，我们可以在物质环境中融入道德修养、家国情怀、文化修养和法治意识，通过设置雕塑、版画、文化走廊、道德人物和故事等元素，为幼儿提供丰富的教育资源。

这样的设计有助于进行道德启蒙教育，实现所谓的"让每一面墙都能说话"的教育环境。在人文环境中，幼儿园教师扮演着重要的角色。他们应该树立正确的幼儿观，成为思想教育的引导者、组织者和帮助者，建立平等和谐的师幼关系。这种关系能够让孩子学会与人相处的正确观念和方式，培养出爱园、爱班、爱师、爱家人和爱伙伴的集体主义情感及乐于助人的思想意识和积极向上的生活观。

第二，塑造思政理念下的幼儿教师。在营造思政环境的同时，幼儿园教师必须具备相应的思政理念。幼儿园教师需要参与各种形式的培训，包括外出学习、园本教研和以老带新等培训形式，使其认识到区域活动的重要价值及组织策略，转变教育观，树立大课程思政教育观。教师应当认识到区域活动和集中活动具有同等重要的教育地位，这需要教师加强自身学习，不断更新知识，提高自身开展区域活动的能力，为幼儿的全面发展提供良好的教育环境。幼儿教师要牢记立德树人这一根本任务，在课程目标制定、教学内容和教学方式选择中，实现思政目标全覆盖、过程全贯通、内容一体化。教师要以"四有"好老师的标准作为行动指南，学习思政教育工作的规律，掌握幼儿身心发展的特点。通过自学、交流和研讨等方式，确定教育目标，并分年龄段实施，按照循序渐进、螺旋上升的原则，将政治认同、家国情怀、道德修养、法治意识、文化修养等方面的内容融入适宜幼儿的教育教学活动中，使幼儿的思政教育不仅立足于眼前，也着眼于未来。

第三，建设思政视角下的区域活动。为了更好地实现幼儿思政教育的目标，教师需要设计符合思政理念的区域活动。根据不同年龄段幼儿的身心特点，结合不同时节、不同区域等特点，设定思政主题的区域活动。例如，对于小班幼儿，教师可以培养他们适应幼儿园的生活和学习的能力。通过在语言区开展活动，可以帮助幼儿更快地适应幼儿园的环境、班级的氛围，认识教师和伙伴等，让他们更快地融入班级、园所，培养集体意识，学习与人相处的正确方式，养成良好的人际交往习惯。对于中班幼儿，教师可以着重培养幼儿的道德情感。通过在角色扮演区讲述道德模范人物的小故事，让幼儿分角色扮演诠释角色、体验角色并表达感情，从而体验道德情感。而对于大班幼儿，则可以培养他们的探索能力。在建构区，可以通过搭建国家标志性建筑如长城，或者区域历史性建筑如钟楼、桥梁、城堡等，让幼儿体验国家象征、民族精神和区域特色，从而培养幼儿爱国、爱家乡的家国情怀。

在这种设计下，区域活动不再仅仅是一种教学形式，更是思政教育的载体，通过各种形式的活动，幼儿能够在实践中体验思政教育的内涵，增强自己的爱国情怀、社会责任感和集体主义精神。

## 二、基于核心素养的幼儿区域活动设计

### （一）提高执行者对幼儿区域活动的重视程度

提高执行者对幼儿区域活动的重视程度，是确保核心素养教育活动有效进行的基础。幼儿园及幼儿教师在充分理解和认识幼儿区域活动的重要性后，方能明确其目标，即全面培养幼儿的综合素养。这意味着教师需要从幼儿自身条件出发，设计出更有趣味性和知识性的区域活动，将教育融入游戏之中，使幼儿在轻松活泼的环境中健康成长。同时，幼儿园也应加强对区域活动的宣传，如利用宣传板报等形式提高教师对其的重视程度。此外，鉴于幼儿教师水平存在差异，有必要进行区域活动设计的筛选和指导工作。

针对教师的不同水平，可通过专业培训等方式提高其对幼儿区域活动的认知水平和理解能力。此外，制定一套系统的幼儿区域活动设计指南，为教师提供可操作性强的指导，有助于规范和提升区域活动的质量。同时，鼓励教师在设计区域活动时注重个性化，根据幼儿的年龄、兴趣和发展水平，灵活调整活动内容和形式，以更好地激发幼儿的学习热情和参与度。

### （二）创设合理的幼儿区域活动环境

环境在教育工作中的重要性日益受到教育工作者的重视，尤其是对于幼儿教育来说，合理的环境创设对幼儿的身心发展至关重要。良好的幼儿区域活动环境能够提高幼儿的自主性和创造力，使其在愉悦的氛围中学习和成长。教师在设计幼儿区域活动环境时，应全面考虑幼儿的认知、情感等方面的内容，从而为幼儿提供一个安全、丰富、充满趣味性的学习空间。

为了创造一个有利于幼儿成长的环境，教师可以采取一系列措施。首先，选择适宜的色彩和布置方式，如使用轻松活泼的绿色、蓝色等色调，以及在班级内悬挂每个幼儿的照片，并附上其兴趣爱好及教师的鼓励性评语，使幼儿在活动环境中感到被重视和关爱。其次，在活动材料和工具的选择上，应充分考虑幼儿的年龄特点和兴趣需求，提供丰富多样的活动资源，让幼儿有更多选择的机会，激发其探索和创造的欲望。

（三）丰富幼儿区域活动内容

幼儿区域活动内容的丰富性直接关系到教育效果的提升。在确定活动内容时，必须以幼儿的教育目标为导向，注重培养幼儿的核心素养。教师应根据幼儿的年龄特点、学习需求和兴趣爱好，设计出丰富多彩的活动内容，营造积极向上的活动氛围，从而激发幼儿的主动参与和探索精神。

在设计区域活动内容时，教师需要综合考虑幼儿的身心发展需求，明确活动目的，即培养幼儿的团队合作精神和自主能动性。在准备活动材料和工具时，教师应当给予指导，鼓励幼儿动手操作，从而让他们充分感受到自己的主体性。此外，教师还可以通过丰富的活动形式和内容，如游戏、讨论、观察等，激发幼儿的兴趣，引导他们积极参与，实现知识与技能的综合提升。

## 三、基于主题背景下的幼儿园教学区域活动设计

（一）注重教学区域整体环境设计

在幼儿园教育中，注重教学区域整体环境设计是确保主题背景下教学活动的有效展开的关键之一。这种设计不仅仅是简单地将教室按照主题色彩进行划分，而是要将整个环境融入主题，创造一个有机统一的学习场所。以协调性为主要目标，各个部分的设计要素相互关联，为幼儿提供一个多维度、多感官参与的学习空间。例如，某幼儿园在主题背景下教学区域设计中，通过以下实践要点体现了这一理念：首先，按照主题色彩进行区域划分，同时确保各个区域之间有内在联系，形成一个整体；其次，在活动安排中，教师针对不同主题开展相关活动，并在实践中引导幼儿从周

围环境认知开始，逐步学习与应用相关知识。这种整体环境设计能够激发幼儿的学习兴趣，促进他们全面发展。通过创造一个富有主题氛围的学习环境，幼儿能够更好地融入教学活动中，提高学习的积极性和效果。

## （二）注重环境设计与幼儿生活相互承接

主题教学活动设计要求教师将教学环境与幼儿的生活环境相互承接，以促进幼儿更好地适应学习，并增强他们的学习主动性和趣味性。这种设计不仅能使幼儿感到学习与生活相辅相成，还能帮助他们更好地理解和运用所学知识。例如，某幼儿园在主题教学活动区域设计中，将重点放在对幼儿生活环境的承接与分析上。教师以"美丽中国"为主题，设计了多个旅游观光小游戏，并通过图片、幻灯片等形式向幼儿展示名山大川、名胜古迹，同时将各个景点的历史故事、地理文化特征融入课堂教学内容中。在课堂实践中，教师设计了学生自由互动活动，让幼儿自主进行情景游戏，教师则充当辅助工具，适时提问并补充相关知识。

这种环境与生活相互承接的设计能够使幼儿更好地理解和接受所学知识，同时增强他们的学习兴趣和主动性。通过将学习与生活紧密结合，幼儿能够更加深入地理解所学内容，并将其运用到实际生活中去。

## （三）注重区域教学活动设计家校联合

区域教学活动的成功实施需要学校教师和家长的共同配合。家长的积极参与不仅能够增加幼儿的学习动力，还能够促进教学活动的顺利进行。因此，教师应加强与家长的沟通，确保家长能够理解并配合学校的教学活动设计，从而共同推动幼儿教育的发展。例如，某幼儿园在开展主题区域教学活动时，着重进行了家校联合探究。教师首先确定了课堂授课主题，并通过多种方式向幼儿介绍相关知识。在课后自主探究期间，教师与家长进行电话、微信等沟通，明确告知家长准备活动所需材料及其作用，增加了家长与教师之间的理解和信任。在实践期间，教师充分利用幼儿准备的材料进行课堂授课，使教学活动得以顺利开展。通过家校联合，可以更好地促进幼儿教育的发展。家长的参与不仅能够增强幼儿的学习动力，还能够加强学校和家庭之间的联系，形成良好的教育合力，共同推动幼儿的全面发展。

# 第四章　幼儿园区域活动的组织与指导实践

幼儿园是幼儿成长的重要场所，其中的区域活动更是幼儿日常学习和娱乐的关键环节。区域活动不仅能够为幼儿提供一个自由探索和发展的空间，还是培养其社交能力、创造力和解决问题的能力的有效手段。然而，如何有效地组织和指导这些活动，确保每个幼儿都能从中受益，是幼儿园教育工作者面临的重要挑战。本章重点论述了幼儿园区域活动的组织原则、幼儿园区域活动的组织流程、幼儿园区域活动的指导策略。

## 第一节　幼儿园区域活动的组织原则

幼儿园区域活动是幼儿教育中的重要组成部分，其组织原则是确保活动有效性和安全性的基础。"幼儿园区域活动是幼儿园一日生活中的重要环节，也是幼儿非常喜欢的活动"①。下面探讨幼儿园区域活动组织时应遵循的关键原则。

### 一、主题选择与适应性原则

在组织幼儿园区域活动时，主题的选择至关重要，应当因地制宜，充分考虑本园的实际情况及幼儿的发展需求。

第一，区域活动主题与幼儿发展水平的适应性。区域活动的主题应当紧密贴合幼儿各年龄段的发展水平，以促进他们全面成长。例如，在幼儿较小的阶段，可以选择简单易懂、涉及基本感官和运动发展的主题；而在

---

①葛萍. "我是行动派"——幼儿园区域活动中整理环节的尝试［J］. 作文成功之路（下），2018（6）：86.

幼儿逐渐成长的过程中，则可引入更加复杂、涉及认知和社交发展的主题。

第二，兴趣导向与区域主题的确定。为了激发幼儿的积极参与，应当从他们的兴趣出发，确定区域活动的主题。通过观察幼儿的行为和表现，了解他们的兴趣所在，有针对性地设计活动主题，提高幼儿的参与度和主动性。

第三，教育活动主题的指导。区域活动主题应当与教育活动的主题相呼应，形成一体化的教学内容。通过将区域活动融入教育大纲所规定的教学内容中，有助于加强幼儿的学习效果，提升教育质量。

第四，主题之间的互动与关联。在确定区域活动的主题时，应当注重主题之间的互动与关联。这种互动可以通过主题之间的关联性或衔接性来实现，使幼儿在参与不同区域活动时能够形成更加完整的学习体验。

第五，体现地域特色。区域活动的主题应当适当体现地域特色，以增强幼儿对本地文化和传统的认知。这种地域特色可以体现在活动主题的选择、材料的运用及活动内容的设计上。

## 二、以幼儿为中心的原则

### （一）共同商讨与材料收集

在区域活动的创设过程中，以幼儿为中心的原则体现在共同商讨与材料收集环节。这一阶段的重要性不容小觑，因为它能为幼儿提供参与决策的机会，也能增强他们的参与感和主动性。与幼儿共同商讨并一同收集和准备所需材料，不仅是实现活动目标的必要步骤，更是促进幼儿全面发展的关键。首先，共同商讨的过程让幼儿更加深入地了解活动的内容和目的。通过与教师和同伴讨论，幼儿可以对活动的主题、目标及所需材料有更清晰的认识。例如，在准备一个仿真市场的角色扮演活动时，幼儿可以就所需道具、装饰品等进行讨论，了解它们的作用和使用方法。这种深入了解不仅可以丰富幼儿的知识，还可以培养他们对活动的兴趣和热情。其次，共同商讨和参与的过程可以培养幼儿的团队合作意识。在讨论的过程中，幼儿能够学会倾听和尊重他人的意见，学会合理地表达自己的想法，并与他人共同制订方案。这种团队合作的经验不仅在活动中有重要作用，也对日常生活和未来的学习都具有重要意义。通过与他人合作，幼儿能够学会相互支持、相互协作，培养解决问题的能力和应对挑战的勇气。

（二）幼儿制定区域规则

在区域活动的创设过程中，幼儿制定区域规则是体现以幼儿为中心的原则的又一重要环节。幼儿可以自己制定区域规则，并与教师和同伴一起共同遵守，这种做法不仅能培养幼儿的自我管理能力，也能提升他们的责任意识和团队协作能力。首先，幼儿制定区域规则是对其自我管理能力的一次锻炼。通过参与制定规则，幼儿能够学会思考自己在活动中应该注意的行为，与他人共同生活、共同玩耍的注意事项。例如，在一个建造区域，幼儿可以制定"不互相抢建造材料""轮流使用建造工具"等规则，从而培养他们的自控能力和自我约束能力。这种自我管理能力不仅在区域活动中有重要作用，也对日常生活中的行为规范和社交交往都有积极的影响。其次，幼儿制定区域规则也能提升他们的责任意识。当幼儿参与制定规则并签署承诺时，他们能意识到自己有责任遵守规则，也能明白违反规则可能带来的后果。这种责任意识的培养有助于幼儿形成良好的行为习惯和价值观，使其成为遵纪守法、守信用的社会主体。同时，责任意识的提升也能促进幼儿之间的相互信任和尊重，从而建立了良好的团队合作氛围。最后，幼儿制定区域规则也是团队协作能力的培养过程。在制定规则的过程中，幼儿需要与教师和同伴进行沟通和协商，需要考虑每个人的需求和意见，从而达成共识。这种团队协作的经验不仅能提升幼儿的交流能力和协商能力，也能增强他们与他人合作的信心和能力。通过共同制定规则，幼儿能学会如何在集体中发挥自己的作用，如何与他人共同解决问题，从而形成"齐心协力，共同进步"的团队合作精神。

## 三、安全卫生与科学性原则

在区域活动中，应当保证所投放的材料安全卫生，并具有一定的科学性，以确保幼儿在活动中健康学习。

## （一）材料的安全卫生性

在区域活动中，保证材料的安全卫生性是至关重要的。区域作为幼儿活动的场所，其安全卫生状况直接关系到幼儿的健康与安全。因此，所有投放到区域中的材料都必须符合严格的安全卫生标准，以最大限度地降低幼儿可能遭受的伤害和污染。首先，对于投放区域的材料，必须确保其不会对幼儿造成任何伤害。这意味着材料本身应具备一定的安全性，不能存在尖锐的边角、易碎的部件或有毒有害的成分。例如，玩具应当经过严格的安全检测，确保不存在窒息、咬伤等安全隐患；椅子、桌子等固定设施应平稳结实，以免幼儿在使用过程中发生意外摔倒。其次，对于区域内的材料投放，应避免使用可能造成污染的物质。这包括材料本身的卫生状况以及其与其他材料的接触。例如，投放的玩具应定期清洗消毒，以防止细菌滋生；投放的教具、绘画工具等应避免与食品或有毒物质接触，以防止交叉污染。此外，对于一次性材料的使用，如纸巾、湿巾等，更应注意其卫生情况，避免传播疾病。最后，对于区域内的材料投放，应符合幼儿的年龄特点和发展需求。不同年龄段的幼儿对安全卫生的认知能力和自我保护能力不同，因此应根据幼儿的年龄特点来选择和安排投放的材料。例如，对于3岁以下的幼儿，应避免投放小零件、易碎物品，以免误食或导致窒息；对于3岁以上的幼儿，可以适当增加一些拼图、积木等能够锻炼手眼协调能力的材料。

## （二）材料的科学性

除了安全卫生性，区域中投放的材料还应具有一定的科学性。科学性意味着材料的选择和使用应考虑幼儿的年龄特点和发展需求，能够促进他们的感知、认知和运动能力的发展。首先，投放到区域中的材料应符合幼儿的年龄特点和认知水平。不同年龄段的幼儿对材料的需求和兴趣各不相同，因此应根据幼儿的发展阶段来选择材料。例如，对于幼儿园阶段的幼儿，可以投放一些能够激发他们观察、探索欲望的实验器材，如放大镜、显微镜等，帮助他们认识周围的世界。其次，投放到区域中的材料应能够促进幼儿的感知、认知和运动能力的发展。这意味着材料应具有一定的教育性和启发性，能够引导幼儿主动参与到活动中来，从而促进其全面发展。例如，投放一些能够锻炼幼儿视觉、听觉、触觉等感官的材料，如彩色布块、声音益智玩具等，有助于提升幼儿的感知能力和观察力；投放一些能够促进幼儿思维发展和逻辑思考的材料，如拼图、拼字游戏等，有助于培养幼儿的逻辑思维能力和解决问题能力。最后，投放到区域中的材料应具有一定的趣味性和挑战性。趣味性能够吸引幼儿的注意力和兴趣，使其愿意参与到活动中来；而挑战性则能够激发幼儿的学习欲望和探索精神，促进其积极主动地探索和学习。因此，投放的材料既应符合幼儿的年龄特点，又应具有一定的趣味性和挑战性，以激发幼儿的学习兴趣和动力。

## 四、多样性与包容性原则

在区域活动中，多样性与包容性原则是关键要素，它们旨在提供丰富多样化的学习机会，以满足不同幼儿的学习风格和需求，并确保所有幼儿都能参与其中，无论他们的背景、能力和特殊需求。这两个原则的重要性在于其能够促进幼儿的全面发展，同时促进团队合作与社会融合。首先，多样性原则强调了活动中学习机会的多样性。例如，在一个创意艺术区域中，可以设置绘画、雕塑、拼贴等多种艺术活动，以满足幼儿在视觉、触觉等方面的不同感知方式。这种多样性的设置能够激发幼儿的兴趣，提升他们的学习动力和参与度。其次，包容性原则强调了活动应该包容所有幼儿，无论其背景、能力和特殊需求。这意味着活动应设计成开放式的、充满灵活性的，能够适应不同幼儿的需求。例如，在一个角色扮演的区域活动中，应该鼓励幼儿选择自己感兴趣的角色，并提供不同难度和角色特点的任务，以满足不同幼儿的能力水平和兴趣爱好。同时，活动的空间布置和设施设置也应考虑有特殊需求的幼儿，如提供无障碍的通道和设备，满足行动不便幼儿的参与需求。

多样性与包容性原则的实施不仅有利于个体幼儿的发展，也有利于促进团队合作和社会融合。在一个多样性和包容性的环境中，幼儿能够学会尊重和理解他人的差异，培养包容心和合作精神。例如，在一个团队合作的建造区域活动中，幼儿可以根据自己的兴趣和能力选择合适的任务，互相协助、互相支持，共同完成一个项目。这种团队合作的经验不仅能够提升幼儿的团队合作能力，还能够培养他们的社交技能和情商。因此，多样性与包容性原则在区域活动中具有重要意义。它们不仅能够满足不同幼儿的学习需求，促进其全面发展，也能够促进团队合作和社会融合，为幼儿的未来成长奠定良好的基础。

### 五、互动性与参与性原则

区域活动旨在为幼儿提供丰富的学习机会，而互动性与参与性则在此过程中具有至关重要的作用。下面探讨如何通过鼓励幼儿与材料、同伴和教师之间的互动，促进幼儿的学习与发展，特别是合作、沟通和社交技能的培养。

第一，互动性与参与性原则鼓励幼儿与材料的互动。在区域活动中，材料不仅是教育工具，更是幼儿的学习伙伴。通过与各种材料的互动，幼儿能够发现、探索和理解世界。例如，在建构区域，幼儿可以通过搭建积木或拼图等活动与材料进行互动，从而培养他们的空间感知能力和手眼协调能力。此外，与材料的互动也鼓励幼儿培养创造性思维和解决问题的能力，促进他们的认知发展。

第二，互动性与参与性原则鼓励幼儿与同伴之间的互动。在区域活动中，幼儿有机会与其他同龄人一起玩耍、合作和交流。通过与同伴的互动，幼儿可以学会分享、倾听和尊重他人的观点。例如，在角色扮演区域，幼儿可以扮演不同的角色，与同伴进行角色扮演游戏，从中学会合作解决问题，培养团队精神。同时，与不同文化背景或个性特点的同伴互动也有助于拓宽幼儿的视野，培养他们的跨文化交流能力。

第三，互动性与参与性原则鼓励幼儿与教师之间的互动。教师在区域活动中扮演着引导者和促进者的角色，教师的参与可以激发幼儿的学习兴趣和动力。教师可以通过与幼儿一起探索、讨论和解决问题，引导他们进行有意义的学习。例如，在科学探索区域，由教师提出问题，可以激发幼儿的好奇心，引导他们进行实验探究，并及时给予反馈和指导，促进幼儿科学思维和探究精神的发展。同时，教师的积极参与也可以为幼儿提供安全感和信任感，有利于建立良好的师生关系，促进幼儿的情感发展。

## 六、灵活性与适应性原则

灵活性与适应性原则在幼儿教育领域中发挥着重要作用。幼儿教育者需要根据幼儿的反馈和学习进度，灵活地调整区域活动，以确保活动的有效性和适切性。这一原则涵盖了对幼儿个体差异的理解，并强调了针对这些差异采取灵活而有针对性的教学方法的重要性。首先，灵活性与适应性原则强调了对幼儿反馈的重视。幼儿在学习过程中会表现出各种各样的反应，包括情感、行为和学习成就等方面的反馈。教育者应该倾听并观察这些反馈，从中获取关于幼儿需求和进步的信息。例如，如果一个幼儿在某个活动中表现出困惑或者失去兴趣，教育者应该及时调整活动内容或者提供额外的支持，以帮助幼儿克服困难，保持学习动力。其次，适应性原则强调了活动设计的灵活性。活动要能够适应幼儿的变化需求和兴趣，以确保其吸引力和有效性。例如，如果幼儿在某个主题上表现出浓厚的兴趣，教育者可以通过拓展相关的活动内容或者提供更丰富的资源来满足他们的好奇心。而对于那些对某个活动不感兴趣的幼儿，教育者可以通过调整活动形式或者引入新的元素来提升他们的参与度。

灵活性与适应性原则的实施还需要教育者具备相应的专业知识和技能。教育者需要对幼儿的发展特点和学习需求有深入的了解，以便更好地设计和调整活动内容。此外，教育者还需要具备观察和评估的能力，能够及时发现幼儿的学习进展和困难，并做出相应的调整。

在实际教学中，灵活性与适应性原则可以通过多种方式来体现。例如，在布置区域活动时，教育者可以提供丰富多样的材料和资源，以满足不同幼儿的需求和兴趣；在活动进行过程中，教育者可以灵活地组织小组活动或者进行个别指导，以便更好地满足幼儿的学习需求；而在活动结束后，教育者可以通过观察幼儿的作品或者进行反思讨论来及时调整和改进活动设计。

# 第二节 幼儿园区域活动的组织流程

在区域活动中，学习和发展的主体是幼儿，教师则扮演着多重角色，针对各年龄阶段幼儿的特点和需要采取恰当的策略促进幼儿的发展：教师是幼儿活动的支持者，通过提供材料、参与活动、给予建议等方式支持并推进幼儿的活动；教师是幼儿行为的观察者，观察并记录幼儿进行区域活动的情况，捕捉隐含的教育信息；教师是幼儿活动的指导者，采用各种有效的方法协助幼儿解决活动中的困难。幼儿园区域活动的组织流程包括四个环节：科学选区、组织指导、收拾整理、回顾评价。

## 一、幼儿园区域活动的组织流程——科学选区

"科学选区是指让幼儿在自由的氛围中，依据自己的兴趣、需要主动选定拟参与的活动区域，并作出大致活动计划的过程"①。因此，根据自身兴趣和需求主动选择参与的活动区域，并大致规划活动内容的过程旨在培养幼儿的自主选择能力、自我管理能力和创造力，为其提供积极、愉悦的学习体验。首先，科学选区的关键在于教师对幼儿个体特点的全面了解。教师需要通过观察、记录和与幼儿的交流等方式积极对幼儿进行深入了解。这包括了解幼儿的兴趣爱好、能力水平、学习需求及个体差异等方面的内容。只有了解幼儿的这些特点，教师才能有针对性地指导幼儿进行选区。例如，某些幼儿可能对艺术活动感兴趣，而另一些幼儿可能更喜欢参与建构活动。因此，教师需要根据幼儿的个体特点，在提供选择的同时，为他们提供恰当的指导和支持。其次，科学选区需要教师巧妙引导幼儿进行活动规划。这一过程不是简单地告诉幼儿应该做什么，而是通过提供启发性问题或情境引导幼儿自行思考和决策。例如，当一个幼儿表达出想要参与绘画活动时，教师可以问："你想画些什么？用什么颜色？你打算画一个故事吗？"通过这些问题，可以培养幼儿的思考、计划和决策能力，

---

①邓霁岚. 幼儿园教育活动设计与实施［M］. 武汉：武汉大学出版社，2018.

从而更好地参与到活动中去。在这一过程中，教师的角色是引导者和支持者，他们的目标是激发幼儿的兴趣和想象力，而不是直接干预或指导活动的具体内容。

在科学选区的过程中，教师应当注重在活动中营造积极的氛围。这意味着在活动选择和规划的过程中，教师应当尊重幼儿的选择，并给予他们足够的自主权和支持。同时，教师需要为幼儿提供必要的资源和环境，以支持他们的活动计划。例如，在幼儿表达出想要进行科学探究的兴趣时，教师可以为他们准备一些实验工具和材料，并提供一个安全、开放的实验环境。这样一来，幼儿将更有信心和动力去实践他们的想法，从而获得更丰富的学习体验。此外，教师还应当注重对幼儿的反思和评估。在活动结束后，教师可以与幼儿一起回顾活动过程，让他们分享自己的经验和感受。通过这种方式，幼儿不仅能够反思自己的学习过程，还能够学会从他人的经验中吸取教训，进而改进自己的行动。同时，教师也可以借此机会对幼儿的学习情况进行评估，了解他们的学习进展和需求，从而更好地指导未来的活动选区。

## 二、幼儿园区域活动的组织流程——组织指导

在幼儿园的区域活动中，组织指导是教师的重要职责。教师需要通过全面观察、记录和解读幼儿的行为，把握幼儿的学习状态和需求，以便提供恰当的指导和支持。首先，教师需要进行全面观察，包括观察幼儿的行为表现、情绪状态和与他人的互动等。全面观察能够帮助教师全面了解幼儿的学习特点和需求，为后续的指导提供依据。其次，教师需要根据观察结果选择合适的观察方式和记录方法。这包括文字记录、绘图记录、图片记录和影像记录等形式。通过这些记录，教师能够深入分析幼儿的学习过程，捕捉隐含的教育信息，为后续的指导提供参考。最后，教师需要根据观察和记录的结果，有针对性地进行介入指导。这包括平行式介入、交叉式介入和垂直式介入等不同形式。在幼儿面临困难或问题时，教师应及时给予支持和引导，帮助幼儿解决问题，促进其学习和发展。

### 三、幼儿园区域活动的组织流程——收拾整理

收拾整理在幼儿园区域活动中扮演着至关重要的角色。这一环节不仅仅是为了维持环境整洁，更重要的是通过这个过程培养幼儿的自我管理能力、责任心和秩序感。在幼儿园的日常活动中，通过适当的引导和实践，收拾整理成为一项既具有教育意义又能促进幼儿全面发展的活动。

第一，收拾整理能够培养幼儿的责任心和秩序感。在活动结束后，幼儿需要参与将使用过的材料和环境归位、整理、打扫等工作。这一过程要求幼儿按照规定的步骤和方法进行操作，如将玩具摆放在指定的位置、将纸张整齐叠放、清理地面等。通过这样的实践，幼儿能够逐渐形成秩序感，意识到维持环境整洁的重要性。同时，他们也能够学会承担责任，明白自己在活动结束后需要做的事情。这种自我管理能力不仅在幼儿园的日常生活中有所体现，也能为幼儿今后的学习和生活奠定良好的基础。

第二，收拾整理有助于幼儿认识到自己的劳动价值。当幼儿参与到整理工作中时，他们会认识到自己的劳动价值。看到整理后的整洁环境，他们会有一种成就感和自豪感。这种感受激励着幼儿更加愿意参与到日常活动中，更加主动地承担起收拾整理的责任。在这个过程中，幼儿能够逐渐懂得劳动的意义，明白自己的劳动是为了保持环境整洁、创造美好的学习氛围。这种对劳动的认同和价值感不仅能促进幼儿的个人发展，也有助于培养他们的社会责任感。

第三，收拾整理是培养幼儿爱劳动、有自信心的重要途径。通过参与收拾整理，幼儿能够体会到劳动的快乐。当他们看到自己亲手整理的环境变得整洁有序时，会提升自我肯定感和自信心。这种积极的体验能够激发幼儿对劳动的热爱，使他们更加乐意参与到各种活动中去。同时，通过不断地参与到收拾整理中，幼儿也能够逐渐形成良好的工作习惯和自我管理能力，这对他们今后的学习和生活都大有裨益。

### 四、幼儿园区域活动的组织流程——回顾评价

在幼儿园的区域活动中，回顾评价是促进幼儿思维发展和自我认知的

重要环节。首先，回顾评价有助于促进幼儿内部语言的发展。在回顾评价的过程中，幼儿需要表达自己的观点和感受，与他人进行交流和讨论，这有助于培养他们的语言表达能力和逻辑思维能力。其次，回顾评价有助于培养幼儿的聆听和评价能力。通过参与评价，幼儿能够倾听他人的观点和建议，学会尊重和接受他人的意见，从而培养他们的倾听和评价能力。最后，回顾评价有助于幼儿思维概括性和逻辑性的发展。在回顾评价的过程中，幼儿需要对自己的行为和经历进行总结和归纳，这有助于培养他们的思维概括性和逻辑性。

## 第三节 幼儿园区域活动的指导策略

### 一、创设环境，打造适宜的区域活动环境

区域活动凭借创设一种宽松自由、多元开放的环境，提供"既适合于幼儿现有发展水平，又具有一定挑战性"的时空，引领幼儿在此特定的环境中积极地与材料、同伴及教师协调作用，主动建构自己的知识经验。

第一，优化心理环境，拓展幼儿自主表现的时空。在幼儿园的区域活动中，创设一种宽松自由、多元开放的心理环境是至关重要的。这样的环境能够让幼儿在没有心理压力的情况下，更容易调动积极性与主动性，从而达到更好的学习效果。幼儿之所以喜欢参与区域活动，是因为区域活动环境的开放性与自主性。教师在这个过程中扮演着至关重要的角色，他们应该理解幼儿，接受他们天真的举动，并在幼儿的探索中给予适当的帮助与引导。例如，教师可以扮演"大朋友""好朋友"的角色，与幼儿建立良好的互动关系，让他们感受到被尊重与被理解。在这样的环境下，幼儿可以自由地表达自己，不受外界的限制，从而更好地建构自己的知识与经验。

第二，优化物质环境，诱发幼儿的学习兴趣。除了心理环境，物质环境的优化也是至关重要的，特别是对幼儿的学习兴趣的激发。幼儿的思维在活动中得以发展，因此丰富多样的玩具与设备可以有效地诱发他们的学

习兴趣。在区域活动的设置中，应该遵循动态与静态、层次性与独特性、趣味性与挑战性相结合的原则，以满足幼儿的不同需求。例如，在"棋苑"区，可以投放各种不同类型的棋类游戏，既有传统的静态棋类游戏，也具有挑战性的动态棋类游戏，这样可以满足不同水平的幼儿的需求。同时，在科学区，可以投放一些具有趣味性与挑战性的科学玩具，如智力拼图、磁性材料等，这些玩具可以激发幼儿的探索欲望，培养他们的科学兴趣与能力。

第三，创设有利于幼儿合作与交流的环境。区域活动不仅可以促进幼儿个体发展，也是培养幼儿合作与交流能力的重要途径。因此，在创设区域活动环境时，应该注重营造一个有利于幼儿合作与交流的氛围。例如，在设计区域活动时，可以设置一些需要合作完成的任务，让幼儿在合作中学会沟通、协调与分享。同时，教师也要扮演好引导者的角色，及时给予幼儿指导与鼓励，引导他们在合作中学会相互尊重与理解。在这样的环境下，幼儿不仅可以在个体发展中获益，也可以培养其良好的社会交往能力，为将来的学习与生活打下坚实的基础。

第四，提供具有挑战性与探索性的活动。为了激发幼儿的学习兴趣与探索欲望，区域活动应该提供具有一定挑战性与探索性的活动。这样的活动可以促使幼儿在探索与实践中不断挑战自我，培养解决问题的能力与创新思维。例如，在科学区，可以设置一些需要观察、实验与推理的活动，让幼儿在实践中学会科学的方法与思维方式。同时，在艺术区，可以提供一些具有挑战性的美术作品，让幼儿在绘画中表达自己的想法与情感，培养他们的创造力与想象力。在这样的活动中，幼儿可以通过不断的尝试与实践，发现自己的潜能与兴趣，从而更好地发展自己的能力与个性。

第五，营造温馨、安全的活动环境。幼儿园区域活动环境应该是一个温馨、安全的空间。只有在这样的环境中，幼儿才能感受到家的温暖与安全感，从而更好地投入学习与探索中。为了营造这样的环境，教师应该时刻关注活动区域的安全问题，确保幼儿在活动中不受伤害。同时，也应该注重环境的布置与装修，让幼儿感受到舒适与温馨。在这样的环境中，幼儿可以放心地探索与学习，从而更好地发展自己的能力与个性。

## 二、科学引领，促进幼儿园区域活动顺利进行

在幼儿园的区域活动中，教师的作用至关重要。通过细致观察和科学引领，教师能够促进幼儿的自主探索和学习，让他们真正成为活动的主人。以下探讨如何通过教师的细致观察及适时适度的引领和点拨来促进幼儿园区域活动的顺利进行。

第一，细致观察是引领幼儿区域活动的基础。教师需要通过倾听幼儿的声音和观察他们的行为来了解他们的兴趣和需求。只有通过细致的观察，教师才能真正了解幼儿的活动情况，抓住他们的兴趣点。例如，在建构区，当幼儿探讨积木倒塌的原因时，教师可以引导他们展开主题活动，探究有趣的声音。通过这样的活动，不仅能够满足幼儿的好奇心，还能培养幼儿的自主探索能力。

第二，适时适度的引领和点拨对于幼儿的自主活动至关重要。当幼儿在阅读区探讨动物卡片时，教师可以通过适时的提问和指导，帮助他们发现更深层次的意义。例如，当一个小男孩拿出一张乌贼的图片时，教师可以问他放在哪个位置更合适，从而引导幼儿思考动物的生存环境。这种适时的点拨能够帮助幼儿建立更系统的认知框架，使他们的活动更具意义和价值。

在引领幼儿园区域活动时，教师还应该注重与幼儿的互动和沟通。通过与幼儿交流，教师能够更好地了解他们的想法和感受，从而更有针对性地引导他们的活动。例如，在阅读区重新分类动物卡片时，教师可以与幼儿一起讨论每种动物的特点，激发他们的学习兴趣。这种互动不仅能够促进幼儿的思维发展，还能够增强师生之间的情感联系，使活动更加愉悦和有意义。

## 三、观察引导，教师在区域活动中的角色扮演

在教育领域，教师的角色一直备受关注，其在课堂中的作用不仅限于传授知识，更包括引导学生进行深度思考和发展综合技能。区域活动是一种广泛应用于幼儿教育的教学方法，其以环境为基础，通过模拟真实场景来促进幼儿的综合发展。在这个过程中，教师扮演着重要的角色，他们既是组织者和引导者，又是观察者和评估者。下面从观察引导的角度出发，

探讨教师在区域活动中扮演的角色，以及其对幼儿发展的影响。

第一，教师在区域活动中扮演着观察者的角色。观察是了解幼儿个体差异和发展水平的有效途径之一。教师通过观察幼儿在不同区域活动中的表现，可以了解其兴趣、能力和需求，为后续的教学提供依据。例如，在角色扮演区域，教师可以观察幼儿选择的角色和表现出的行为，从中了解其对社交互动和情感表达的需求，进而针对性地设计教学内容。因此，教师的观察引导能力至关重要，他们需要借助敏锐的观察力和专业知识，准确把握幼儿的发展特点和个性特征。

第二，教师在区域活动中扮演着引导者的角色。引导是指教师通过提供适当的提示和支持，帮助幼儿解决问题、探索新知、发展技能的过程。在区域活动中，教师可以利用引导的方式激发幼儿的学习兴趣和动力，引导其积极参与到活动中来。例如，在艺术区，教师可以提供各种艺术材料和工具，同时给予适当的技术指导，帮助幼儿发挥自己的想象力和创造力。通过这种引导，能够促进幼儿的全面发展，培养其独立思考能力和解决问题能力，从而提升其学习效果和素质水平。

第三，教师在区域活动中扮演着组织者的角色。区域活动通常包括多个学习区域和多种教学资源，教师需要合理安排这些资源，组织一系列有序的活动，以确保幼儿能够充分参与并获取有效的学习体验。例如，在科学区，教师可以安排一系列有关物质性质和变化的实验活动，引导幼儿通过观察、实验和讨论，深入理解科学知识。在这个过程中，教师不仅需要精心设计活动内容，还需要合理分配时间和空间资源，确保活动的顺利进行。因此，教师的组织能力和管理技巧对于区域活动的有效实施至关重要。

第四，教师在区域活动中扮演着评估者的角色。评估是教学过程中的重要环节，其目的是帮助教师了解学生的学习情况和教学效果，为后续的教学调整提供依据。在区域活动中，教师可以通过观察、记录和分析幼儿的参与行为和表现进行综合评估。例如，在游戏角色扮演区域，教师可以观察幼儿在游戏中展现出的沟通能力、合作精神和解决问题的能力，从而评估其社交技能和情感发展水平。通过这种评估，教师可以及时发现幼儿的学习困难和问题，有针对性地进行教学辅导和支持。

## 四、有效评价，提升区域活动质量

### （一）尊重幼儿，关注差异

在幼儿园教育中，有效的评价是提升区域活动质量的重要手段之一。加德纳的多元智力理论指出，幼儿在发展过程中存在着差异性，每个幼儿都具有自己的智力强项。因此，在进行区域活动评价时，应该尊重幼儿的个性与特长，从而以一种欣赏的眼光来评价幼儿的表现。

教师在评价过程中需要善于发现每个幼儿的闪光点，给予及时的正面反馈，让幼儿从内心体验到成就感和成功的快乐。这样的评价不仅可以激发幼儿的自信心和积极性，还可以促进其可持续发展。通过细致的观察和反馈，教师可以帮助幼儿发现自己的优势，从而更好地激发其学习的动力和兴趣。此外，针对不同幼儿的个性差异，教师还应该采取个别化的评价方式，而不是简单的"一刀切"。例如，对于外向活泼的幼儿，可以采用口头表扬和奖励的方式来激励他们；而对于内向羞涩的幼儿，则可以通过温柔细致的引导，让他们逐渐展现自己的能力。这种个别化的评价方式能够更好地调动幼儿的学习积极性，提升其参与区域活动的热情和自信心。

### （二）重视过程，促进发展

在评价区域活动时，不仅需要关注幼儿的表现结果，更要重视活动的过程。因为活动过程中的种种细节往往能够反映幼儿的发展水平和学习动态。

教师应该着力捕捉一切有用的评价信息，这些信息可以来自幼儿的手工作品、记录表格、自制玩具，以及在区域活动中表现出来的主动交往、互助合作和大胆创新等。通过对这些信息的观察和分析，教师可以更全面地了解幼儿的发展状况，及时发现他们的优势和不足之处。

在评价过程中，教师需要注意的是如何给予适时适当的中肯评价。一根竖起的拇指、一个赞赏的眼神、一句惊叹的表扬都能够成为幼儿前进的动力，激励他们更加努力地学习和探索。同时，教师还应该在评价中注重引导幼儿，帮助幼儿认识到自己的进步和不足之处，从而更好地促进其和谐、持续地发展。

# 第五章　幼儿园区域活动的评价与优化

区域活动作为幼儿园教育的重要组成部分，评估其有效性、适宜性和教育价值对于提升教育质量、满足幼儿发展需求具有重要意义。本章旨在深入探讨幼儿园区域活动的评价与优化，包括评价的意义、原则、方法、工具以及基于评价结果的优化和改进策略。

## 第一节　幼儿园区域活动评价的意义与原则

### 一、幼儿园区域活动评价的意义

幼儿园区域活动是一个可以满足幼儿学习、兴趣及幼儿自主探究需求的主要活动。为了使幼儿园区域活动不断满足幼儿的实际发展要求，就需要对区域活动评价进行改革。在实际操作过程中，幼儿园区域活动的评价具有重要的意义，具体如下。

#### （一）教育目标的实现

第一，评价与教育目标之间的对应关系：评价在幼儿园区域活动中扮演着至关重要的角色，其关键在于它与教育目标之间存在着对应关系。教育目标是幼儿园教育活动的指导方向，是为了实现幼儿全面发展而制定的。通过评价，教师可以客观地了解幼儿在各个领域的发展情况，从而更好地调整教学策略，使教学活动更好地服务于教育目标。

第二，通过评价确保教育活动与预定目标具有一致性：评价的重要性在于它可以确保教育活动与预定目标具有一致性。在评价过程中，教师可以根据幼儿的实际表现对教育活动进行调整，以确保教学内容和方法符合幼儿的学习需求，有助于幼儿达到预定的教育目标。这种一致性是教育活动有效性的保障，也是幼儿园教育质量的重要体现。

## （二）幼儿发展的监测

在监测幼儿发展方面，评价的作用不可替代。每个幼儿的成长轨迹都是独特的，评价有助于教师更全面地了解每个幼儿在各个发展领域的情况，从而更好地为其个性化成长提供支持。通过定期的评价，教师可以发现幼儿的进步和不足，并及时采取措施，促进其健康、积极地发展。

第一，评价在监测幼儿个体发展中扮演至关重要的角色。幼儿时期是一个关键的成长阶段，其发展受到多种因素的影响，包括遗传因素、家庭环境、社会文化等。针对每个幼儿的独特特点和需求进行评价，有助于教师更好地制订个性化的教育计划，以促进其全面发展。例如，通过观察和评估幼儿的身体发育情况，可以及时发现潜在的健康问题，并采取相应的干预措施；通过观察幼儿的社交行为和情绪表现，可以了解其情感发展情况，帮助其建立良好的人际关系和情绪调节能力。因此，评价在提供幼儿个体化支持方面发挥着不可或缺的作用。

第二，评价有助于识别幼儿的学习需求和潜能。通过对幼儿的发展情况进行综合评估，教师可以更好地了解幼儿的学习兴趣、特长和需求，为其提供个性化的教育服务。例如，对于表现出对艺术或音乐有浓厚兴趣的幼儿，教师可以针对性地设计艺术创作或音乐欣赏活动，激发其创造力和想象力；对于表现出对科学或数学感兴趣的幼儿，教师可以为其提供更多的探索性学习机会，培养其逻辑思维和解决问题的能力。通过满足幼儿的学习需求和潜能，评价有助于激发其学习动机和兴趣，培养其自信心和学习能力。

第三，评价可以帮助教师发现幼儿的发展潜能。每个幼儿都有其独特的才能和潜能，评价有助于发现并挖掘这些潜能。通过对幼儿的认知、语言、社交、情感等方面进行系统评估，教师可以发现幼儿的优势和特长，并提供相应的支持和指导，以帮助其更好地发展和实现自己的潜能。例如，对于具有较强观察力和想象力的幼儿，教师可以为其提供更多的探索性学习机会，培养其科学探究的能力；对于表现出较强表达能力的幼儿，教师可以鼓励其参加演讲或朗诵比赛，培养其语言表达和沟通能力。评价不仅可以发现幼儿已有的潜能，也可以促进其潜能的发展，为其未来的发展奠定良好的基础。

### （三）教育质量的提升

评价可以在一定程度上提高幼儿园的教育质量。通过对教育活动和幼儿发展情况的评价，可以及时发现问题，促使教师不断反思和改进教育实践。评价结果可以为教师提供客观的反馈，帮助其认清自身的优势和不足，进而有针对性地进行专业发展和提升，提高教育教学质量。

第一，评价对于提高教育质量的重要性。教育是一个动态的过程，教师的教学方法和策略需要不断地与幼儿的实际情况相适应。通过对教育活动的评价，可以了解幼儿的学习情况、反应和兴趣，从而发现教学中存在的不足之处。例如，评价可以揭示出某个教学活动是否已达到预期的学习效果，或者某些幼儿是否在某一领域的发展存在滞后性。这些问题的发现可以促使教师深入思考教学方法和内容的合理性，并及时进行调整和改进，以提高教育质量。

第二，评价结果对于教师的专业发展和提升至关重要。通过评价，教师可以了解自己在教学中的优点和不足，有针对性地进行专业发展。例如，如果评价结果显示某位教师在沟通与引导幼儿方面表现出色，但在利用教具和游戏教学方面有所欠缺，那么这位教师就可以有针对性地参加相关的培训课程或研讨会，提升自己在这方面的能力。评价不仅是一种反馈，更是一种指导，能够为教师提供改进的方向和动力，有助于提高教师的教学水平和专业素养。

第三，通过反馈机制改进教育实践。评价结果的反馈机制能够及时为教师提供幼儿对教育活动的反应和理解程度，帮助教师调整教学策略和方法，使教育活动更贴近幼儿的实际需求和兴趣，从而提高教学效果。例如，如果评价结果显示幼儿对某一教学内容的理解程度较低，教师可以针对性地调整教学方法，采用更生动有趣的方式进行教学，以激发幼儿的学习兴趣并提高其学习效果。同时，评价结果也可以为家长提供反馈，促进与家庭的良好沟通与合作，共同关注幼儿的成长和发展。通过家长的参与和支持，教师可以更好地了解幼儿在家庭环境中的情况，从而更好地制订个性化的教育方案，促进幼儿的全面发展。

（四）教师专业成长

教师专业成长是教育领域中的一个重要议题，其中自我反思和专业发展扮演着至关重要的角色。评价对于教师的自我反思和专业成长至关重要。评价过程不仅可以帮助教师了解幼儿的发展情况，更重要的是，它可以促使教师反思自己的教学方法和教学效果，发现不足之处，并积极寻求改进的途径。通过不断的评价和反思，教师可以提升自己的教学能力和专业水平，更好地为幼儿的成长提供支持。首先，自我反思是教师专业成长中不可或缺的环节。在评价过程中，教师不仅仅是收集和分析数据，更重要的是要审视自己的教学方法、教学态度及教学效果。自我反思需要教师审视自己的教学实践，思考哪些方面可以改进，哪些方面已经做得很好。例如，一个教师在课堂上发现某个学生的表现不佳，通过反思自己的教学方法，可能发现是自己的授课方式不够生动或者对学生的个体差异缺乏足够的关注。通过这样的反思，教师可以调整自己的教学策略，提高课堂教学效果，实现自身的专业成长。其次，专业发展需要建立在持续的评价和反思基础上。评价结果为教师的教学策略调整提供了重要的指导。通过分析评价结果，教师可以了解幼儿的学习情况和需求，从而有针对性的调整教学内容和方法，使其更适合幼儿的实际情况。例如，评价结果显示，班级中的部分学生在某个学科上表现欠佳，教师可以针对这些学生的需求调整教学内容和方法，采取不同的教学策略，以更好地促进他们的学习。这种针对性地调整有助于提高教学效果，促进幼儿的全面发展。

在教师专业成长过程中，专业发展需要通过持续的学习和探索来实现。教师应该不断地更新自己的教育理念，学习最新的教育理论和教学方法，以适应不断变化的教育环境和幼儿需求。例如，随着信息技术的快速发展，教师可以通过学习如何将技术融入课堂教学中，提高教学的多样性和趣味性，从而更好地吸引幼儿的注意力，促进他们的学习。此外，教师还应该积极参与教育研究和专业交流，与同行分享教学经验，借鉴他人的成功经验，以不断完善自己的教学能力和专业水平。

（五）家园合作的桥梁

第一，评价结果在家园沟通中的作用：评价结果在家园沟通中扮演着重要的角色，它是家园合作的桥梁。通过与家长分享评价结果，教师可以帮助家长更全面地了解幼儿在幼儿园的学习情况和发展状况，促进家长对幼儿的关注和支持。同时，家长也可以通过评价结果了解幼儿的学习进步之处和不足之处，更好地配合教师，共同关心和引导幼儿的成长。

第二，通过评价结果促进家长对幼儿学习的理解：评价结果不仅可以促进家长对幼儿学习的理解，更可以引导家长与幼儿共同成长。通过评价结果，家长可以了解幼儿在各个领域的表现和发展情况，从而更好地为其提供家庭环境和学习支持，促进其全面发展。同时，家长也可以根据评价结果与教师共同协商幼儿的学习计划和目标，实现家园合作共育的目标。

在幼儿园区域活动评价中，评价不仅是对教育活动和幼儿发展的客观反映，更是推动教育质量提升、促进教师专业成长和家园合作的有效手段。通过对教育目标的实现、幼儿发展的监测、教育质量的提升、教师专业成长和家园合作的桥梁等方面的探讨，可以深化对幼儿园区域活动评价的理解，认识评价在幼儿园教育中的重要性和必要性。

## 二、幼儿园区域活动评价的原则

### （一）客观性原则

客观性原则在评价过程中扮演着至关重要的角色，确保了评价的公正性和可信度。尤其在评价幼儿园区域活动时，客观性原则更显重要，因其直接关系到对幼儿发展情况的准确把握及教育教学的有效性。客观性的体现包括科学的评价标准、多样化的评价方法及评价者的客观性和公正性。

在保证评价客观性和公正性方面，首先需要确立清晰明确的评价标准和指标，这些标准和指标应当充分考虑幼儿发展的特点和教育目标。其次评价过程应采用多种方法收集数据，包括观察、记录、访谈等，以确保评价结果的全面性和客观性。此外，评价者必须具备专业的评价技能和客观的态度，避免主观偏见对评价结果的影响，以确保评价的公正性。

在幼儿园区域活动的评价中，评价者应当持有客观的态度，不受个人情感和偏见的干扰。他们需要遵循科学的评价原则和方法，以确保评价的客观性。例如，评价者在进行观察时应当尽量客观记录幼儿的行为，而不是受到个人喜好或期待的影响。此外，评价者应当在评价过程中尊重幼儿的个体差异，不偏袒任何一方，确保评价结果的真实可信。

客观性原则的实施对于评价过程的可信度和公正性至关重要。只有通过科学客观的评价，才能更好地了解幼儿的发展情况，为其提供个性化的教育指导，促进其全面发展。

（二）全面性原则

全面性原则要求评价内容覆盖幼儿的各个方面，包括认知、情感、社交、身体等多个维度。在评价幼儿园区域活动时，不仅要关注幼儿的学习成绩，更要关注其综合发展和个性特点。全面的评价内容有助于更准确地了解幼儿的发展水平，为个性化教育提供依据。

多维度评价幼儿的发展需要采用多种评价方法和工具，如观察记录、作品展示、访谈等，以全面了解幼儿的行为、态度、兴趣等。此外，还应结合幼儿的实际情况，将个别评价和群体评价相结合，以更好地反映幼儿的个体差异和整体发展水平。

在实践中，评价者应当根据幼儿的不同发展阶段和特点，合理选择评价内容和方法。例如，针对认知发展，可以通过观察记录幼儿的学习活动和解决问题的能力来评价；针对情感社交，可以通过观察记录幼儿与他人互动的情况来评价。这种全面性的评价方式有助于更全面地了解幼儿的发展状态，为个性化教育提供精准指导。

（三）发展性原则

发展性原则强调评价与幼儿发展的适宜性实践之间的关系。评价不仅仅是对幼儿已有成就的检验，更应关注其发展潜力和需求。因此，评价应重视幼儿的个体差异和发展阶段，以及其发展过程中的变化和成长。

评价与发展的适宜性实践需要根据幼儿的发展特点和需要，采用灵活多样的评价方式和工具。同时，在评价过程中应注重与幼儿的沟通和互动，了解其需求和兴趣，从而更好地指导其发展。

在评价幼儿园区域活动时，评价者应当充分考虑幼儿的发展阶段和个体差异，避免"一刀切"的评价方式。例如，对于处于发展初期的幼儿，评价者应更加关注其基本能力的培养和发展潜力的挖掘；而对于处于发展较高阶段的幼儿，评价者则应更多地关注其创造性思维和解决问题的能力的培养。这样的评价方式更有利于促进幼儿的全面发展。

### （四）参与性原则

参与性原则强调幼儿、教师、家长在评价过程中的积极参与。幼儿应被视为评价的主体之一，其意见和想法应被尊重和重视。教师和家长作为评价的实施者和参与者，也应参与到评价过程中，了解幼儿的情况和需求。

为增强评价的互动性和参与性，可以建立开放式的评价机制。例如，鼓励幼儿参与到评价过程中，如自我评价、同伴评价等。同时，教师和家长也应参与到评价过程中，与幼儿共同探讨、反思和改进。

在实践中，评价者应当尊重幼儿的意见和想法，鼓励他们表达自己的看法。同时，教师和家长也应当积极参与到评价过程中，与幼儿共同制定评价目标和改进措施。这样的参与性评价方式有助于增强幼儿的主体意识和学习动力，促进其全面发展。

### （五）形成性与总结性相结合原则

形成性评价与总结性评价相结合是评价的有效方式。形成性评价注重评价过程中的反馈和指导，以促进幼儿的可持续发展；而总结性评价则总结幼儿在一定时期内的发展情况，为后续教育提供依据。

有效结合两种评价方式需要在评价过程中注重及时反馈和指导，以帮助幼儿改进和提高。同时，还需要定期总结幼儿的发展情况，形成全面的评价报告，为后续教育和家长沟通提供依据。

在实践中，评价者应当定期对幼儿的发展情况进行总结和分析，编制个性化的发展计划和改进措施。与此同时，评价者还应当及时向幼儿和家长反馈评价结果，提供针对性的指导和建议。这样的形成性评价方式有助于促进幼儿的全面发展，提高其学习动力和成就感。

### （六）持续性原则

评价不是一次性活动，而是一个持续的过程。持续性原则强调评价的连续性和长期性，以确保对幼儿的发展情况进行全面的了解和跟踪。

建立长效的评价和反馈机制是实现持续性评价的关键。这需要教师、家长和学校共同努力，建立定期评价和反馈机制，及时了解幼儿的发展情况，及时调整教育教学策略。

在幼儿园区域活动的评价中，评价者应当定期对幼儿的发展情况进行跟踪和记录，及时发现问题并采取解决措施。同时，评价者还应当与家长进行密切的沟通，共同探讨幼儿的发展需求和改进措施。这样的持续性评价方式有助于促进幼儿的全面发展，提高其学习成效和生活质量。

（七）多样性原则

多样性原则强调采用多种评价方法和工具。评价方法的多样性有助于全面了解幼儿的发展情况，减少评价偏见和主观性。

根据评价目的和内容选择适宜的评价方式是实现多样性评价的关键。评价方法可以包括观察记录、作品展示、访谈、问卷调查等，以满足不同评价需求和情境。同时，评价方法的选择应当考虑幼儿的个体差异和发展特点，尽可能客观全面地反映幼儿的实际情况。

在实践中，评价者应当根据具体情况选择合适的评价方法和工具。例如，对于具有艺术天赋的幼儿，可以采用作品展示的方式来评价其创造力和想象力；对于沟通能力较强的幼儿，可以采用访谈的方式来评价其语言表达能力和社交技能。这样的多样性评价方式有助于更全面地了解幼儿的发展情况，提高评价的准确性和有效性。

# 第二节　幼儿园区域活动评价的方法与工具

## 一、幼儿园区域活动评价的方法

幼儿园区域活动评价的方法是幼教领域中一个重要且复杂的课题。在评价这些活动时，需要考虑多种因素，包括活动的目标、幼儿的参与程度、教师的引导与支持及环境的适应性等。以下探讨常见的评价方法，包括定性评价、定量评价和综合评价。

（一）定性评价

定性评价是对评价资料做"质"的分析，是一种运用分析和综合、比较和分类、归纳和演绎等逻辑分析的方法，并对通过评价所获得的数据、资料进行思维加工。定性评价是一种常见的评价方法，它主要关注活动的质量和效果。在进行定性评价时，教师可以观察幼儿的参与情况、行为表现和语言表达情况，以及他们在活动中所展现的技能和能力。例如，在评价绘画活动时，教师可以观察幼儿选择的颜色、绘画的主题和内容，以及他们在绘画过程中展现的创造力和想象力。定性评价的优点在于可以全面地了解幼儿在活动中的表现，但缺点是评价结果主观性较强，难以进行量化和比较。

在幼儿园的日常实践中，定性评价扮演着重要的角色。通过仔细观察幼儿在各种活动中的表现，教师可以对如何促进幼儿发展有深刻的理解。例如，在角色扮演区的活动中，教师可以观察幼儿选择的角色定位、角色扮演的情境及幼儿间的互动情况。这种定性观察能够帮助教师了解幼儿的社交技能、想象力和解决问题的能力等方面的发展情况。

然而，定性评价也存在一些挑战。首先，由于评价结果主观性较强，不同教师的评价可能存在差异，这会影响评价的准确性和可信度。其次，定性评价难以进行量化和比较，这使得对幼儿园活动效果的客观评估变得比较困难。因此，在使用定性评价时，教师需要保持客观性，并结合其他评价方法进行综合分析。

（二）定量评价

定量评价是一种更加客观和量化的评价方法，它通过具体的数据来反映活动的效果和幼儿的表现。常见的定量评价方法包括观察记录、问卷调查和成就测试等。通过观察记录，教师可以准确地记录幼儿在活动中的行为和表现，比如在操场区的活动中，记录幼儿的奔跑次数、使用游戏设施的时间和与其他幼儿的互动情况。这些数据能够帮助教师了解幼儿的运动发展和社交技能，并据此调整活动设计和教学方法。通过问卷调查，教师可以准确地获取家长对活动的反馈意见。家长是幼儿园活动的重要参与者和见证者，他们的观点和意见能够为评价提供宝贵的信息。例如，通过问卷调查可以了解家长对音乐活动的满意度和孩子在活动中学到的内容，从而帮助教师更好地了解家庭对活动的期望和需求，从而进行针对性的改进。通过成就测试，教师可以准确地评估幼儿在活动中所掌握的知识和技能。

然而，定量评价也存在一些限制。首先，有时定量数据无法完全反映活动的质量和幼儿的表现，因为它们可能只是表面现象的一部分。其次，定量评价可能会忽略幼儿的个体差异，因为它主要关注整体数据的统计和比较。因此，在采用定量评价时，教师需要与定性评价结合，以确保对幼儿有全面的了解。

（三）综合评价

综合评价是将定性评价和定量评价相结合的评价方法，以便综合考虑多个方面来评价活动的效果。综合评价可以通过建立评价指标体系来实现，包括活动目标达成情况、幼儿参与程度、教师指导质量、环境适应性和家长满意度等指标。通过对这些指标进行综合分析，可以全面地评价活动的质量和效果。例如，可以通过问卷调查了解家长对活动的满意度，通过观察记录和成就测试评估幼儿的表现，通过教师反思和讨论来评价教师的指导质量，以及通过环境调查评估环境的适应性。

综合评价的优点在于综合考虑了多个方面的因素，能够提供更加全面和深入的评价。通过综合分析定性和定量数据，可以弥补它们各自的局限性，使评价结果更加客观和可信。此外，综合评价还能够为教师提供更加具体和有效的改进建议，帮助他们优化活动设计和教学实践。然而，综合评价也存在一些挑战和困难。首先，建立评价指标体系需要投入较多的时间和精力，而且指标的选择和设计需要考虑活动的特点和幼儿的需求。其次，综合评价需要教师具备较强的评价能力和分析能力，以确保评价结果的准确性和有效性。因此，在进行综合评价时，教师需要注重方法的科学性和操作性，避免主观偏见和进行片面性的评价。

综合评价的重要性在于它能够帮助教师全面地了解和评价幼儿园区域活动的效果，从而指导实践并提升教育质量。通过合理运用定性、定量和综合评价方法，可以更好地促进幼儿的全面发展和个性成长，实现幼儿园教育的理想目标。

## 二、幼儿园区域活动评价的工具

在幼儿教育领域，评价是教学活动中一个至关重要的环节。幼儿园区域活动评价的工具作为评价幼儿在各个学习区域中表现的有效方式之一，其设计、使用及在实践中的价值都对幼儿教育起着重要作用。

### （一）工具设计

对幼儿园区域活动评价的工具的设计应当综合考虑幼儿的年龄、发展水平、兴趣和特殊需求等因素。首先，基于儿童发展理论，了解幼儿在不同年龄段的认知、情感、社交和运动发展特点是设计评价工具的基础。根据幼儿的发展特征，可以确定评价指标和标准，以便更准确地评估幼儿的学习和发展状况。其次，设计评价工具时需要考虑幼儿的个体差异，因此评价工具必须具备一定的灵活性。这意味着评价工具应当能够根据不同幼儿的实际情况进行调整，以确保评价的公正性和准确性。例如，对于有特殊需求的幼儿，需要对评价工具进行个性化设计，以更好地反映他们的学习和发展情况。最后，评价工具的内容应该全面覆盖各个学习区域，如语言区、数学区、科学区、艺术区、户外活动区等。这样才能全面地了解幼儿在不同领域的学习和发展情况，为教师提供更有针对性的教学指导。

### （二）工具使用

使用评价工具时需要遵循一定的程序和原则。首先，教师应当在幼儿参与区域活动时密切观察、记录幼儿的表现和行为。这需要教师具备较高的观察能力和记录能力，以确保评价的客观性和准确性。其次，评价过程应当具有客观性和全面性。这意味着评价不仅要关注幼儿的能力表现，还要考虑他们的兴趣、态度和情感体验。只有全面考虑幼儿在区域活动中的各个方面，才能更好地评估他们的学习和发展状况。最后，应当及时向家长反馈评价结果。家长是幼儿学习和发展的重要伙伴，他们乐于了解幼儿在学校的表现，以便与教师共同促进幼儿的发展。因此，及时反馈评价结果对于家长参与幼儿教育过程至关重要。

（三）工具价值

幼儿园区域活动评价的工具对幼儿教育具有重要的价值。首先，评价工具能够帮助教师全面了解幼儿的学习和发展状况，为个性化教学提供依据。通过评价工具，教师可以发现幼儿的优势和不足，有针对性地进行教学引导，从而更好地满足幼儿的学习需求。其次，评价工具可以促进幼儿的综合发展。通过对各个学习区域的评价，教师可以发现幼儿在不同领域的发展情况，从而为他们提供更多的学习机会和资源，促进其全面发展。最后，评价工具可以促进幼儿与家长之间的沟通与合作。家长是幼儿成长过程中的重要支持者，他们渴望了解幼儿在学校的表现，以便更好地支持幼儿的学习和发展。通过使用评价工具，家长可以及时了解幼儿在学校的情况，并与教师共同探讨促进幼儿成长的方式。

# 第三节　幼儿园区域活动的优化与改进策略

## 一、幼儿园区域活动的优化

在现代教育体系中，幼儿园在幼儿成长和发展中扮演着至关重要的角色。幼儿园的教育活动不仅要关注知识的传授，更要重视环境的设计与区域活动的开展。以下探讨幼儿园区域活动的优化，以提升幼儿在幼儿园中的学习体验与发展。

第一，幼儿园区域活动的优化需考虑幼儿的年龄特点和发展需求。年龄在3—6岁的幼儿处于身心发展的关键阶段，因此各项活动的设置应该符合他们的认知、语言、社交和情感发展水平。例如，在认知方面，可以设置拼图、积木等活动，培养幼儿的逻辑思维能力和空间想象能力；在语言方面，通过故事讲解、角色扮演等活动促进语言表达能力的提升；在社交方面，组织团体游戏、合作性活动，培养幼儿的合作意识和社交技能；在情感方面，提供情感表达的机会，引导幼儿学会控制情绪、表达情感。

第二，幼儿园区域活动的优化需要关注环境的布局与氛围的营造。环境的布局直接影响着幼儿的行为和情绪。为了创造一个有利于学习和发展的环境,可以将幼儿园分为不同的活动区域,如游戏区、阅读区、美术区等,每个区域都配备相应的教具和材料。此外,要注重环境的美化与装饰,使用明快、温馨的色彩,搭配丰富的教育图画和装饰品,营造出一个温馨、舒适的学习氛围,激发幼儿的学习兴趣和积极性。

第三,幼儿园区域活动的优化需要重视教师的角色和教学方法。教师是幼儿园区域活动的设计者和引导者,他们的专业水平和教学方法直接影响着活动的效果和质量。因此,教师需要具备良好的专业素养和教育理念,了解幼儿的发展特点和学习需求,能够根据实际情况设计和调整区域活动。同时,教师还应注重引导与激发,采用多种教学方法,如启发式教学、示范引导、情景模拟等,引导幼儿主动参与、探索和发现,促进他们的全面发展。

第四,幼儿园区域活动幼儿的需要加强与家长的沟通与合作。家长是幼儿成长过程中重要的支持者和参与者,他们的态度和参与程度对幼儿的发展影响深远。因此,幼儿园应该与家长建立良好的沟通渠道,及时了解家长对教育活动的意见和建议,积极回应家长的需求和关切。同时,幼儿园还可以邀请家长参与到区域活动中来,共同参与幼儿的学习和成长,加大家校合作的力度。

## 二、幼儿园区域活动的改进策略

### (一) 教师角色与指导策略

教师在幼儿园区域活动中扮演着至关重要的角色,他们的指导策略直接影响幼儿的参与度和学习效果。下面从教师成为活动的组织者和引导者、运用多种教学方法和策略及及时给予反馈和鼓励 3 个方面展开论述,以探讨在幼儿园区域活动中教师角色与指导策略的重要性。

1. 成为活动的组织者和引导者

教师在幼儿园区域活动中的角色远不止于观察者,更应成为活动的组织者和引导者。他们应当深入了解幼儿的个体差异和学习需求,根据实际情况调整活动内容和指导方法。通过精心设计活动任务和引导问题,教师可以激发幼儿的好奇心和求知欲,引导他们主动参与到活动中来。

在幼儿园区域活动中，教师应当充分认识到幼儿的发展特点和需求，因此需要对每个幼儿进行个体化的观察和了解。这包括对幼儿的兴趣爱好、学习风格、心理特点等方面的了解。只有深入了解每个幼儿，才能有针对性地设计活动任务和指导方法。另外，教师还需要不断提升自身的教育水平和专业知识，以更好地胜任活动的组织者和引导者角色。只有具备丰富的教育经验和专业知识，教师才能准确把握幼儿的发展需求，为活动的顺利开展提供有力保障。

2. 运用多种教学方法和策略

教师需要灵活运用各种教学方法和策略，以满足不同幼儿的学习需求和学习风格。启发式提问是一种有效的引导方式，可以激发幼儿的思维和创造力；小组合作则能够培养幼儿的团队合作精神和沟通能力。教师还可以借助故事、游戏等形式，让幼儿在轻松愉快的氛围中学习和成长。

在幼儿园区域活动中，教师应当根据活动的内容和幼儿的特点，选择合适的教学方法和策略。对于喜欢动手操作的幼儿，可以设计一些实践性的任务和活动；对于喜欢思考的幼儿，可以提出一些开放性的问题和讨论。

此外，教师还应当不断创新教学方法和策略，以适应不断变化的教育环境和幼儿的需求。通过尝试新的教学方法和策略，教师可以发现更适合幼儿的学习方式，从而提高活动的效果和幼儿的学习兴趣。

3. 及时给予反馈和鼓励

教师的反馈和鼓励对于幼儿的学习动力和自信心至关重要。在活动过程中，教师应当及时给予幼儿积极的反馈和鼓励，帮助他们树立正确的学习态度和自我认知。无论是表扬优秀表现还是指出改进空间，都应当及时、具体地进行，让幼儿感受到成长的喜悦和动力。

在给予反馈时，教师应当注重积极的情绪和语言，避免给幼儿带来消极的情绪和压力。对于表现优秀的幼儿，可以给予肯定和表扬，鼓励他们继续保持；对于存在改进空间的幼儿，可以提出具体的建议和指导，帮助他们改进。同时，教师还应当注重鼓励幼儿的自主学习和探究精神，让他们在学习中充满信心和动力。通过适时的表扬和奖励，可以有效增强幼儿的自信心和学习动力，促进其全面发展。

## （二）资源建设与管理策略

资源建设与管理策略在幼儿园有效开展区域活动的过程中扮演着重要角色。资源的丰富性和合理性直接影响幼儿的学习体验和发展。因此，建立多样化的资源库及科学的资源管理制度成为至关重要的任务。首先，多样化的资源库是确保幼儿园区域活动顺利进行的基础。资源库的构建应考虑幼儿的年龄特点、兴趣爱好和学习需求。在自然科学区，可以准备各类植物标本、昆虫标本等，让幼儿通过观察与实验感受自然界的奥秘。在美术创作区，应提供丰富的颜料、纸张等，以激发幼儿的想象力和创造力。这些资源应具有启发性和趣味性，引导幼儿主动参与到学习活动中。其次，科学的资源管理制度对于保证资源的可持续利用至关重要。资源管理制度应包括资源的采购、更新、维护等环节。在采购方面，应根据实际需要和预算情况进行规划，避免资源的浪费和过度采购。定期检查和维护资源的完好性是确保资源长期利用的关键，应及时更换损坏或过时的物品，保持资源的新鲜感和吸引力。同时，教师在活动设计中应充分考虑资源的利用，创造出多样化的活动内容，以提升幼儿的学习效果和体验感受。

此外，合理利用外部资源对于拓宽幼儿的学习视野和积累经验也至关重要。幼儿园可以邀请专业人士来进行科学实验和讲座，拓展幼儿的知识面；组织校外游学活动，让幼儿亲身感受社会和自然的魅力。通过这些活动，幼儿不仅能够接触到新的知识，而且能够在实践中加深对知识的理解和应用。此外，与外部资源的合作还有助于幼儿园与社会建立联系，为幼儿提供更加丰富和多元化的学习体验。

在资源建设与管理中，需要充分认识到幼儿园教育的特点和需求，精心设计并执行相应的策略。资源的质量和安全是首要考虑的因素，必须确保所有资源都符合安全标准，并定期检查维护，以避免因资源质量问题而影响幼儿的健康与安全。同时，资源的更新要与时俱进，以适应幼儿成长发展的需要。资源的更新不仅包括物质上的更新，也包括教育理念上的更新，确保资源的利用与教育目标相契合。另外，资源的多样性也应与教育目标相匹配，以满足不同年龄段幼儿的学习需求。

# 结束语

随着本书的深入探讨，我们对幼儿园区域活动的理解已经达到了一个新的深度。区域活动不仅是一种教育实践，它更是一种以幼儿为中心的教育理念的具体体现。通过这种活动，幼儿得以在自由探索和自主学习中培养自主性、创新性及团队协作能力，这些能力对于他们的全面发展至关重要。此外，面对教育理念的不断演进和社会环境的快速变化，幼儿园区域活动正迎来更加多样化和个性化的发展机遇。笔者坚信，区域活动将继续在幼儿教育领域扮演着不可或缺的角色，为幼儿提供更加丰富和有意义的学习体验。同时，希望更多的教育工作者和家长积极认识区域活动的独特价值，并共同参与到这一教育模式的创新与实践中，为幼儿创造一个更加自由、有趣且富有启发性的学习环境，这将为他们的未来学习和生活奠定坚实的基础。

# 参考文献

［1］崔佳琦. 当前幼儿园区域活动评价存在的问题及其解决策略［J］. 新教育时代电子杂志（学生版），2022（1）：34-36.

［2］邓霁岚. 幼儿园教育活动设计与实施［M］. 武汉：武汉大学出版社，2018.

［3］高倩文. 论幼儿园教育理念［J］. 读写算，2018（17）：38.

［4］葛萍. "我是行动派"——幼儿园区域活动中整理环节的尝试［J］. 作文成功之路（下），2018（6）：86.

［5］洪宁灿. 探索生态区对幼儿发展的影响［J］. 科学与财富，2020（24）：76.

［6］黄瑾. 学科教学知识与幼儿园教师的专业发展［J］. 幼儿教育（教育教学），2011（12）：26-28.

［7］蒋雷艳，朱露. 幼儿园课程［M］. 成都：电子科技大学出版社，2020.

［8］雷彩银. 幼儿园课程生活化的价值及其实现路径［J］. 学前教育研究，2022（7）：83-86.

［9］李光莲. 新理念下的幼儿园教育策略研究［J］. 百科论坛电子杂志，2020（2）：324.

［10］李玉娟. 主题背景下的幼儿园教学区域活动设计研究［J］. 新智慧，2019（26）：33.

［11］孟瑞欣. 核心素养下的幼儿区域活动设计与实践［J］. 学周刊，2020（4）：182.

［12］闵毛毛. 幼儿园区域活动与环境创设的实践与研究［J］. 天津教育，2021（27）：119-120.

［13］倪春玲. "和融文化"理念下引领幼儿园教师专业发展［J］. 幼儿100（教师版），2020（9）：43-46.

［14］饶晓燕. 幼儿园区域活动的意义和价值［J］. 科普童话，2019（24）：131.

［15］邵秋玥. 幼儿园美术教育活动中存在的问题与策略探究［J］. 新智慧，2019（35）：109.

［16］施佳丽. 浅析幼儿园班级科学活动区域的设计与应用策略［J］. 天天爱科学（教育前沿），2022（7）：7-9.

［17］陶小亚. 幼儿园课程实施的探索［J］. 科学咨询，2020（51）：183-184.

［18］王丽娟. 幼儿园教研活动的目的与实施策略［J］. 学前教育研究，2015（3）：61-63.

［19］王微丽. 幼儿园区域活动：环境创设与活动设计方法［M］. 北京：中国轻工业出版社，2014.

［20］魏卿. 试析幼儿园教育活动中的教师指导［J］. 内蒙古师范大学学报（教育科学版），2013，26（8）：36-39.

［21］吴翠玉，藏兰荣，王雅莉. 幼儿园教育活动方案设计指南［M］. 长春：吉林人民出版社，2020.

［22］吴赛炼. 幼儿园区域活动环境创设的创新策略［J］. 第二课堂（D），2023（7）：65.

［23］吴一红. 幼儿园集体社会活动的实施原则与策略［J］. 学前教育研究，2015（12）：67-69.

［24］吴志勤，王文乔. 幼儿园教育活动设计与组织［M］. 重庆：西南师范大学出版社，2019.

［25］肖全民，梁富一. 幼儿园教师教育活动认知能力的养成［J］. 学前教育研究，2015（11）：41-43.

［26］徐冰. 幼儿园游戏化教学探究［J］. 才智，2019（22）：29.

［27］杨金萍. 幼儿园环境创设教学探究与实践［J］. 中外交流，2021，28（2）：1532.

［28］姚亚菲. 论述幼儿园教育改革［J］. 情感读本，2016（5）：69.

［29］余玲，刘夏鸽. 思政视角下的幼儿园区域活动的设计［J］. 品位·经典，2021（15）：98-100.

［30］朱宗顺，学前教育原理［M］. 北京：中央广播电视大学出版社，2011.

［31］左莲玉. 浅谈幼儿园数学区的环境创设与材料投放策略［J］. 幼儿教育研究，2016（4）：8-10.